"(...) Um homem toma posse de si mesmo por meio de lampejos, e muitas vezes quando toma posse de si não se encontra nem se alcança. (...)"

A. Artaud, Carta para Jacques Rivière em
25 de maio de 1924

Coleção Lampejos
©n-1 edições 2023 / Hedra

Cartas do latão
Jorge Augusto Xavier de Almeida

©n-1 edições 2023

coordenação editorial Peter Pál Pelbart e
Ricardo Muniz Fernandes

assistentes editoriais Inês Mendonça e Luan Freitas

revisão Josy Panão

coedição Jorge Salum e Felipe Musetti

direção de arte Ricardo Muniz Fernandes

projeto da coleção/capa Lucas Kröeff

Todas as ilustrações deste livro foram
produzidas por meio da fonte tipográfica
Cobra-arisca, desenhada por Waldomiro
Mugrelise e composta por Lucas-k.

ISBN 978-65-81097-53-0

Direitos reservados em língua
portuguesa somente para o Brasil

1ª edição | Junho, 2023
n-1 edições
R. Fradique Coutinho, 1139
05416–011 São Paulo SP Brasil

**Jorge Augusto
Xavier de Almeida**
Cartas do latão

Jorge Augusto
Xavier de Almeida
Cartas do latão

O livro como imagem do mundo é de toda maneira uma ideia insípida. Na verdade não basta dizer Viva o múltiplo, grito de resto difícil de emitir. Nenhuma habilidade tipográfica, lexical ou mesmo sintática será suficiente para fazê-lo ouvir. É preciso fazer o múltiplo, não acrescentando sempre uma dimensão superior, mas, ao contrário, da maneira mais simples, com força de sobriedade, no nível das dimensões de que se dispõe, sempre n-1 (é somente assim que o uno faz parte do múltiplo, estando sempre subtraído dele). Subtrair o único da multiplicidade a ser constituída; escrever a n-1.

Gilles Deleuze e Félix Guattari

PREFÁCIO

Quase cem cartas.

Quase quatro anos.

Quase é fresta. Atravessadora de muros como na brincadeira em que o papel embrulha a pedra.

Quase foi drible nas múmias da censura, o "boi na linha" se tornou o maior leitor das quase cem. E pedia para outra voz gritar: "Para de escrever!"

Por esta fresta entramos Jorge e eu via Sertão, o de Diadorim e Riobaldo: num final de tarde, em volta de uma fogueiralta, sentados em finareia, um grupo de caminhantes ouviu Camila Almeida, ladeada por D. Geralda e D. Abadia, ler uma carta escrita pelo pai que se encontrava em situação de cárcere em Unaí, Minas *Geraes*. Nela, Jorge contava de suas trincheiras de luta, artimanhas e astúcias contra os efeitos operacionais do colonialismo, e pedia para que escrevêssemos a ele.

Quase seis meses depois, o escambo poético entre nós dois tem início. Essa amizade que vibra ao distender as estratégias da necropolítica (salve Mbembe!) é ampliada a outras pessoas encarceradas.

Banho de sol é mercado, assim, o que é de cada um, de cada cela se socializa, barganha-se livros, papel e caneta por marmita ou chinelos, catataus, itens da "cobal" enviada pelas famílias, produtos de higiene por alimentos. Jogam-se palavras ao vento, a vida caminha e os caminhos se cruzam, assim os conteúdos das cartas passam a ser de outros também.

Uma comunidade que nasce para atravessar fronteiras, num vai e vem espiralado, numa pequena *dansa* diante da violência carcerária. E agora ganha novo movimento com esse *Cartas do latão,* um testemunho do contínuo processo de libertação que Jorge faz da sua vida.

O latão é uma terminologia imprecisa e ao mesmo tempo familiar porque pertence a uma epistemologia dos disciplinamentos punitivos dos encarceramentos. Quase se aproxima da cela forte ou da solitária, mas tem suas especificidades. Todas baseadas nas lógicas de dominação, todas anti-humanas, asfixiantes.

Jorge, hoje com cinqüenta e cinco anos, nasceu em Recife, no bairro da Encruzilhada, quase Olinda, favela da Aguazinha, em pleno regime militar. Desde os quatro anos andava pelas ruas junto com seu tio Antônio, portador de deficiência física, pedindo esmolas como era comum a todos os meninos da Aguazinha.

Depois passou um tempo no Sertão *do Pernambuco*, na currutela de Murupé, o suficiente para dizer com muita alegria que as raízes rurais de sua família, principalmente nas figuras das avós Maria Grande e Maria Rosa, originaram o sonho dos movimentos sociais pela terra.

A fome levou a família do Nordeste à Brasília, e quando chegaram, em 1972, Jorge e duas irmãs foram matriculados na escola do exército, única possibilidade de garantir três refeições diárias para as crianças. Assim que se estabeleceram, os filhos deixaram a escola militar.

Seu pai, potiguar de nascença, em Recife já exercia militância no PCdoB, e agora em Brasília, a mãe se envolveu na luta contra o regime, cobrando eleições diretas, tornando-se uma liderança política atuante na comunidade onde moravam.

Em 1994, aos vinte e sete anos, como integrante dos movimentos de luta pela terra, Jorge parte para Minas Gerais, com forte intuito de se libertar da escravidão patronal vivida em Brasília.

Em Buritis, Jorge assume o lugar de liderança do MST (Movimento Sem Terra), e em 1995 ocupam a fazenda Barriguda. O comunal, matéria orgânica que a vida em si lhe ensinara, agora se torna exemplar. *Fazer com*, o *ser por nós*, o *bem comum*, a convivência cada vez mais estreita com a terra, o *entrecruzilhamento* dos elementos da natureza e do social criam uma liga que dá substância ao caldo que Zé Braúna, Dona Abadia, Joaquim Caximbinho, Roque Brabo, Antônio Rodrigues, Comadre Lindalva, Mariano, Laci, cozinhavam há tempos em Buritis.

A partir da Barriguda foram criados vinte e seis assentamentos, com mais de mil e duzentas famílias. Os ritmos do mutirão, o trabalho trocado, diálogos tecidos nos saberes tradicionais, agricultura familiar, agroecologia, permacultura, a defesa da bacia do rio Urucuia não podem ser considerados ecos, traços e heranças do quilombismo? (salve Abdias Nascimento!).

Além de significar retomada da terra, nos cultos afro-brasileiros assentamento é o conjunto de objetos simbólicos que, reunidos e tratados, concentram o axé de um determinado Orixá, tendo no Otá, a pedra, seu principal campo de força.

Capricho da língua ou confluência de saberes e experiências como nos ensina o mestre Nêgo Bispo? (salve, salve!)

O ativismo político lhe trouxe muitos processos jurídicos, induzidos pelos coronéis latifundiários do noroeste de Minas. Jorge, como líder do movimento, foi personificado como responsável pelas ocupações de fazendas e agências bancárias.

Foi absolvido de quarenta e oito processos, e em apenas uma semana condenado por quatro, sem direito a responder em liberdade, mesmo preenchendo todos os requisitos.

Foi acusado, sem prova alguma, do roubo de um grampeador, um jogo de facas e uma grade aradora. Vinte e seis anos de pena em sentença condenatória por furto qualificado, revertidos em treze anos e seis meses por recursos jurídicos.

A sede de liberdade vem do sentir no próprio corpo a restrição de movimentos, a privação, as inúmeras humilhações e torturas, o perigo iminente e diário da perda da saúde mental, a interrupção dos ciclos naturais da vida, do cuidar de não deixar-se capturar, mesmo aprisionado.

Fuga é fazer vazar o real, é criar um fora onde a continuidade é possível (salve Touam Bona!). Fuga é canto de manutenção da vida, é arte de reencantar-se, transgredir e resgatar um estado de ser silvestre, de camuflar-se em árvore, pássaro, vereda, fruto.

Jorge teve dois episódios de fuga. O primeiro visava o não aprisionamento e durou dois anos e seis meses; o segundo aconteceu no regime semi-aberto e, durante um ano e dois meses, viveu praticamente à deriva no Sertão. Após uma emboscada, volta ao cárcere, enfrentando a experiência abjeta do latão.

Desde outubro de 2021, Jorge está em liberdade condicional: continua a roçar palavras nômades, criando rupturas nas narrativas dos vencedores com sua poesia, cavando processos de abolição, *ebólizando* um bem viver a partir de seu devir selvagem, inassimilável.

Salve Jorge!

angela quinto
Artista caminhante, poeta, performer, psicoterapeuta. Vive e trabalha em São Paulo

CARTA 01 DO LATÃO ESCRITA EM 20 DE NOVEMBRO DE 2020

Querida Angela,

Espero que esta te encontre em paz, com saúde e feliz.

Eu disse em carta anterior que lhe contaria a minha experiência de ter passado 24 dias de isolamento no latão, e assim, começarei a narrar:

O latão é o ambiente carcerário mais temido por todos os detentos. (Acho que só poderei concluir este meu relatório que ora inicio após lhe escrever umas dez cartas de três folhas). Estou com muitas histórias arquivadas na memória. Tanto a que vivi como também as que eu apurei em conversas com os detentos. Tudo que tenho para lhe dizer sobre esse local extremamente insalubre não me permitirá, em nome de um relatório fiel dos acontecimentos, narrá-los em uma lavra diminuta, por mais que eu tente resumi-lo.

Pois bem, no dia 28/10/2020 – quarta-feira, logo pela manhã, um agente carcerário grita em frente à cela em que me encontro: "Preso da cela 75, atendimento!". "Coloque a calça e a camisa na capa!". (Capa é o nome que se dá à porta da cela).

No momento em que o preso é avisado que sairá para qualquer atendimento, antes tem que colocar suas roupas por uma pequena abertura para serem "examinadas" em minuciosa revista.

O carcereiro se posiciona do lado de fora, olha para dentro do recinto e ordena ao apenado que o mesmo realize um procedimento medieval que atenta contra sua dignidade. O preso, já totalmente despido, é obrigado a fazer três agachamentos de frente para o agente e três de costas, com as mãos posicionadas junto à cabeça com os dedos entrelaçados, sob pena, caso houver recusa em realizar, em cumprir essa ordem absurda, de incorrer em falta disciplinar. E sofrerá castigos físicos, que é o que em geral ocorre, com quem se aventura a descumprir tais determinações. Foi dessa forma que comecei a manhã daquele dia.

Saí da cela sem estar informado sobre que tipo de atendimento eu seria submetido, e fui conduzido ao "corró" do setor de segurança. Corró é como se chama por aqui, uma pequena cela improvisada desprovida de água, lavatório e vaso sanitário. Ao chegar ao local, verifiquei que naquele recinto já havia mais 14 presos, naquele espaço que poderia abrigar "confortavelmente" apenas cinco.

Alguns estavam ali, para serem atendidos por seus advogados, mas a maioria dos presos seria submetida à CD (comissão de disciplina) para apuração de supostas faltas, graves, médias ou leves. Eu não tinha advogado marcado para aquele dia. Foi ali, já dentro do corró, como se diz no jargão popular, "que minha ficha caiu". Eu passaria pela CD para responder sobre a minha volta para casa, sem autorização do sistema, em 2018, o que foi considerado fuga. A categorização desse meu ato constitui falta grave, e por ela eu responderia.

Percebi que a oitiva dos demais presos prosseguia normalmente, e eu estava ficando por último. Era meio dia quando a CD encerrou seu trabalho para o almoço sem me atender. O meu almoço havia sido entregue no pavilhão, e eu ainda nutria a esperança de em breve tempo almoçar.

Subitamente, apareceu frente ao corró o diretor de segurança, que preside o sinistro "tribunal", e de posse de uma prancheta contendo alguns papéis, dirigiu-se a mim: "Jorge Augusto! Você foi condenado por cometimento de falta grave pela Juíza da Vara de Execuções Penais, cabendo a mim, apenas determinar os dias de castigo que você cumprirá. Portanto, você cumprirá 25 dias de latão!". Eu ainda perguntei:

- Senhor, a comissão disciplinar não vai me ouvir?

A resposta foi negativa, voltei imediatamente a fazer outra pergunta:

- Senhor, tem como eu começar a cumprir tal determinação a partir de segunda-feira?

Recebi de imediato, uma resposta curta, monossilábica, dirigida a mim de forma dura, como é comum ao emitente diretor, que expressava não haver nenhuma possibilidade de negociação.

O "não" seco não me permitiu e me desencorajou para aventurar em possíveis argumentações. Calei-me, e assinei a sentença.

Momentos antes, ainda havia em mim um fio de esperança em adiar o desfecho daquela oitiva que pensei que haveria, e que o pequeno tribunal inquisitorial e de exceção seria impedido de concluir seu trabalho com relação ao meu caso, por ausência do meu advogado, que não fora avisado daquela audiência, a qual supostamente pensei que iria ocorrer.

Preocupava-me dois fatos que iriam acontecer; um no dia seguinte, quinta-feira, e o outro no sábado.

Na quinta, chegaria a minha "cobal". É o nome que se dá a uma pequena compra que o detento pode receber mensalmente enviadas por familiares. Nela, o preso pode receber:

- 2 kg de bolacha
- 1 kg de pão de queijo
- 1 kg de suco em pó
- 60 g de tempero Sazón

Listo apenas os itens alimentares, porém, essa "cobal" é complementada com produtos de higiene e limpeza.

Os produtos comestíveis, embora sendo uma quantidade irrisória, são de suma importância em um ambiente em que os acautelados do Estado passam "fomes" em todos os sentidos, porém, a que mais dói é a fome física, fisiológica. E dois quilos de bolacha, um pão de queijo, faz a diferença. Outro fato que me preocupava naquele momento é que eu iria receber visitas no sábado.

Terminado esse meu pequeno diálogo com o diretor de segurança, fui de imediato conduzido ao latão, acompanhado por outros detentos que também haviam sido sentenciados. Alguns a 15 dias, outros a 10, e eu e o detento Leandro a 25.

Querida,

Dei início a este relato ainda na sexta-feira, quando cheguei de volta ao pavilhão após cumprir o castigo e ainda continuo a escrever. Eu estava com muita "fome" disso, e quero saciá-la. Sei que dentro de no máximo uma hora, serei impedido de prosseguir, pois tenho muita dificuldade de escrever à noite. Hoje é dia 20 de novembro, e me ocorreu, (coincidência ou não), e respeito quem nisso crê, mas de qualquer forma, fui libertado do castigo que eu sofri, justamente num dia de glória. Esse é o dia que comemoramos a consciência negra. É o provável dia da morte de Zumbi dos Palmares. É o dia que celebramos a vitória parcial da liberdade sobre a opressão. O massacre do Quilombo dos Palmares, a morte de todos aqueles nossos irmãos e irmãs, tem de ser vista como um ato de libertação.

Não tenho dúvida, de que é melhor descer antecipadamente à sepultura, do que viver por toda uma vida escravizado. Que o exemplo que Dandara também nos deixou como herança, seja seguido por todas as mulheres que lutam contra o racismo, todos os tipos de preconceitos, de discriminações e do machismo. O dia de hoje, já é para mim, cheio de simbolismo, porém, ser liberto do castigo nesta data, me faz repensar e me perguntar: por que as coisas acontecem desta madeira? Que recado ou lição o universo quer me transmitir? Viajo nisso.

Bem minha querida, como não posso enviar mais de 3 folhas por envelope, encerro esta e continuarei na próxima carta.

CARTA 02 DO LATÃO ESCRITA EM 20 DE NOVEMBRO DE 2020

Querida Angela,

Ainda é dia 20. Esta é a continuação da carta anterior. Está prestes o cair da noite, porém quero ainda concluir meu pensamento.

Lembrei-me que depois de amanhã – dia 22, completará 110 anos da Revolta da Chibata. Evento esse de suma importância em nossa história, e que também foi protagonizado por um negro. Como não posso manifestar-me de outra forma, limitei-me a escrever por fora dos envelopes das cartas que enviarei nesses poucos dias que faltam para o término do mês. A minha lembrança e minha homenagem a esses (essas) nossos (as) companheiros (as). E assim escrevi em negrito:

**Dia 20 de novembro...
Viva Zumbi! Viva Dandara!
Viva Palmares! Viva a
Consciência Negra!
Dia 22 de novembro...**

**110 anos da Revolta da Chibata...
Viva o Almirante Negro!
Viva João Cândido!**

Bom, trata-se de uma simplória homenagem, mas que me dou por satisfeito em poder fazê-la. Pelo menos sei que as pessoas que irão manusear as cartas – talvez apenas o carteiro – tomarão conhecimento disso um pouco antes da entrega ao (à) destinatário (a). Mas não importa. O que importa mesmo nisso tudo é, de fato, eu poder externar esse sentimento de pura gratidão e reverência por aqueles e aquelas que tanto por nós fizeram.

No mês de outubro, antes de ir ao latão, todas as cartas que enviei naquele mês, fiz questão de relembrar o fatídico dia 05 de outubro de 1897, quando o exército brasileiro concluía o massacre de Belo Monte, matando seus últimos defensores. A mensagem foi:

Dia 05 de outubro... 123 anos do massacre de Belo Monte... Belo Monte vive em mim... Viva Canudos! Viva Antônio Conselheiro!

DIA 21, SÁBADO

Pois bem, amiga querida.

Desviei-me por um breve momento do assunto principal que é motivador dessa escrita – os dias no latão. Retornaremos a ele.

Logo após ter sido comunicado da decisão monocrática do presidente da CD, fui de imediato conduzido ao local do castigo, acompanhado por outros detentos que também haviam sido punidos com arbítrio similar.

Atento a tudo, comecei minha observação logo ao entrar no corredor do prédio. O latão é composto por seis celas. Sendo três de numeração ímpar, que ficam posicionadas de frente para as de números pares, separadas por um corredor escuro de 1 metro e 20 centímetros.

Logo na entrada, percebi que na porta da cela 02, que fica à direita de quem entra, havia um aviso escrito, impresso em letras grandes, pregado por fora da cela que trazia a seguinte mensagem: "Está terminantemente proibido a locação de outro detento nessa cela sob qualquer circunstância – a direção". Falarei sobre esse assunto nas páginas finais deste relato.

Fui colocado na cela nº 04, juntamente com mais dois detentos que cumpririam suas reprimendas. No interior da cela já havia mais um preso, que tinha chegado ali no dia anterior. Esse atendia pelo codinome Bigode. E, dessa forma, totalizamos quatro detentos num ambiente que comportaria em condições menos desumanas apenas dois. Junto comigo chagaram: Craniano e Leandro, este último conhecido como Teichirã. Todos vindos do pavilhão "A", e naturalmente já se conheciam.

As celas do latão são poucos maiores que as dos pavilhões. Talvez meçam 10 metros quadrados, pouca ventilação, iluminação natural precária, sem água potável, pois ali não se permite a entrada de filtros de barro como é comum no pavilhão. A tubulação da unidade prisional que leva água a toda penitenciária é de ferro, e foi instalada há mais de 30 anos. Hoje a água circula carregando toda a ferrugem que é produzida. Não se pode utilizar boxe plástico para separar o "boi" dos locais onde se estendem os colchões. O "boi" é como se chama por aqui o lugar de se fazer as necessidades fisiológicas, incluindo os tratos com higiene pessoal. Não há lavatório, nem chuveiro, nem vaso sanitário comum. O "boi" fica rente ao chão e se não tiver pernas boas e fortes, quem o usa, tem que ser rápido para sofrer menos naquele agachamento indispensável ao seu uso.

Bem, a solução encontrada para não gerar tanto constrangimento, tanto para quem estivesse a usar o "boi", como também aos demais, era virar-se de costas todos os que não estivessem a usá-lo.

No latão é proibido armar varais para estender roupas, não pode entrar barbante para essa finalidade. Entretanto, isso não seria empecilho maior, pois as sacolinhas plásticas que vem com o "marrocos", que por aqui é como chamamos os pães, essas sacolinhas servem muito bem. Trançadas, tornam-se fortes cordões. Mas as celas são revistadas diariamente para verificar se as normas estão sendo cumpridas.

Diferente também dos pavilhões, as celas não possuem "jega". Esse é o nome dado a cama de cimento comum à todos os "barracos" dos pavilhões. Aqui, quem ainda usa essa nomenclatura de cela sou eu. Os presos a chamam dessa forma: "barraco". Talvez para não se esquecerem das suas origens periféricas, vindos em sua maioria das favelas, guetos e bairros extremamente pobres, onde o barraco é a principal moradia. Também não dizem estar preso, a grande maioria diz: moro no barraco tal, referindo-se ao número.

No latão os colchões são estendidos diretamente ao chão, e numa cela como aquela, ao espalhar quatro colchões, sobra apenas o espaço do "boi", mas o que mais mexe com o psicológico do detento é o fato de não poder ter acesso a rádio, televisor. A grande maioria é dependente desses aparelhos. Também não podem enviar ou receber cartas, não pode haver livros ou leitura de qualquer espécie, não pode ter acesso à "cobal", não pode receber visitas, os materiais de higiene pessoal é a "casa" que fornece, e são de péssima qualidade, tendo o detento que tomar banho com uma barra de sabão de soda pura. Dizem que é de coco. Tenho lá minhas dúvidas.

Bom, diante das circunstâncias, procurei rapidamente interagir com aqueles que, de momento, eram meus pares. As conversas fluíram, ao passo que eu observava todo aquele ambiente, buscando compreender a finalidade daquele castigo. Para mim, não poderia, ou pelo menos, não deveria, o ser castigo pelo castigo... Querida, continuo na próxima carta. Um abraço.

33

CARTA 03 DO LATÃO ESCRITA EM 22 DE NOVEMBRO DE 2020

Querida Angela,

Hoje é domingo, dia 22/11/2020. Passo a escrever a 3ª carta relativa aos dias no latão. De onde interrompi a segunda carta, eu dizia que o castigo, ao meu ver, não deveria ser apenas pelo fato, ou a necessidade, que o sistema tem em punir, de reprimir. Na minha visão de leigo, pensei que o sistema deveria tirar proveito daquela situação criada por "ele", para avançar em prol da ressocialização. Pensando assim, já no quarto dia, passei a insistir para que os agentes que faziam guarda do local levassem um pleito meu. Eu solicitava ser recebido pelo diretor de ressocialização, que eu gostaria de ter uma conversa breve com o mesmo.

Esse foi um insistente pedido meu, que levei adiante até o décimo quinto dia, quando obtive a resposta de que o diretor não tinha tempo para dialogar com preso, pois o mesmo estava bastante atarefado. Bom, não era a resposta que eu esperava, porém, aquela busca incessante por aquela audiência teve fim. E diante desta impossibilidade, direi a você, minha amiga, aquilo que eu gostaria de ter abordado junto ao diretor.

Querida, já nos primeiros dias do castigo, eu formei opinião do modo como a PAOJ (Penitenciária Agostinho Oliveira Junior, em Unaí – MG) ministra esse tipo de punição, não levaria o detento a agir melhor disciplinarmente falando. Como também, potencializava, fazia crescer e aflorava transtornos psíquicos e psiquiátricos que, em sua maioria, não se revelavam nos pavilhões, e que a carga emocional negativa fazia com que muitos ali adoecessem.

Eu queria sugerir ao diretor, que o setor que ele representa pudesse atuar de forma efetiva dentro do latão. Dizer, entre outras coisas, que ali é o local ideal para se fazer estudos dirigidos. Que o detento ao ler conteúdos direcionados pedagogicamente pudesse produzir resumos. Que os ensaios no melhoramento da redação de cada um fossem constantes e diários. Introduzir a leitura de livros. Estimulá-los na escrita das cartas aos familiares, muito embora não possam sair, essas poderiam ser postadas após a conclusão do castigo. É nesse ambiente de solidão extrema que são desenvolvidos os melhores textos. Que, ao contrário, nos pavilhões, onde os rádios ruidosos e as televisões travam uma disputa para ver o que sobressai em volume, é impossível incrementar com sucesso, uma proposta assim.

A sugestão vai no sentido de que o setor de ressocialização não deixasse que o departamento de segurança atuasse soberanamente dentro do latão.

Como parte final do que planejei dizer, se tivesse tido a oportunidade, falaria de outra observação que fiz, pesquisando em conversas com os demais detentos. Primeiro na cela 04, e depois na cela 03 para onde fui transferido no sétimo dia.

Diria ao mesmo diretor que há algo muito errado naquele local, e que demanda um estudo profundo para uma melhor compreensão. Que a forma de punir os "indisciplinados" é ultrapassada. Que a grande maioria naquele local é subjugado, e vão para ali por motivos fúteis e irrelevantes. Geralmente fruto de uma indisposição por parte de agentes penitenciários, com relação a determinados presos que já desceram ao latão por várias vezes. Um exemplo que posso citar é o Bigode que estava na cela 04 quando cheguei para cumprir 10 dias, e o motivo é fútil demais, ou me corrigindo, não houve motivo.

Foi ao latão por ter perguntado ao agente da "gaiola" do pavilhão "A" o motivo pelo qual o banho de sol havia sido interrompido com apenas 10 minutos após as celas serem abertas. A ordem expressada pelo carcereiro era para que todos retornassem aos seus respectivos "barracos". Apenas por querer saber o motivo, essa atitude de curiosidade, foi entendida como desobediência e desacato.

Apenas só mais um exemplo de abuso, o do Craniano. Esse era o "faxina" do bloco "A". Os faxinas trabalham nos pavilhões servindo alimentação nas celas e também cuidam da limpeza do recinto. Não é pouco o serviço que realizam. Porém não são remunerados por essas tarefas. Apenas ganham remissões. A cada três dias trabalhados, diminui um em sua pena.

Pois bem, o agente da gaiola disse ter visto o Craniano entregar em uma das celas um objeto suspeito, e por mais que ele tenha negado esse fato acusatório, o mesmo foi conduzido ao latão para cumprir 25 dias, dos quais já havia pagado 10 dias preventivamente até que a CD avaliasse o caso. No fim, apenas confirmou a sentença. A perda do cargo ocorreu automaticamente no mesmo dia dos fatos. Exoneração sumária, sem direito à defesa.

Bom, dito isso, o que eu gostaria de ter falado ao diretor é que não é comum, e nem pode ser aceitável, que um latão como aquele, que tem apenas seis celas, e que em média circulam por ele 10 detentos por dia, em período que não ultrapassa um mês, possa morrer tanta gente por suicídio ou assassinado. Eu já estava com um levantamento completo e os números são reais. Apeguei-me aos números após 2016 que foi o ano em que eu cheguei na PAOJ.

Nesse período até os dias de hoje, morreu apenas um detento assassinado no pavilhão "B" que é o bloco dos segurados. Vou me referir apenas aos quatro blocos do regime fechado. Mas no mesmo período houve no latão dois suicídios e dois homicídios.

Isso é uma conta muito desproporcional, tendo em vista que os quatro pavilhões possuem juntos 348 celas, que abrigam em média, 616 detentos. Nesse caso, o latão dá de quatro a um.

Se tirarmos da conta o bloco dos segurados que tende a ter maior número de conflitos entre os presos, o latão dá uma sinistra goleada de quatro a zero nos três pavilhões restantes, e repito, possui apenas seis celas, e o número de detentos que são alojados provisoriamente ali, é infinitamente menor.

Bom, imagino que se eu tivesse tido a oportunidade de falar ao diretor, seria como jogar pérolas aos porcos. O sistema prisional não está preparado e aberto ao diálogo com a sociedade, e muito menos com seu público alvo, que somos nós, os detentos. Mas, pelo menos, se eu tivesse sido recebido para essa conversa...

Um abraço, fique em paz. Continuo na carta nº 4.

CARTA 04 DO LATÃO ESCRITA EM 22 DE NOVEMBRO DE 2020

Querida Angela,

Essa é a carta nº 4 sobre o latão. A de número 03 terminou com essa frase: "se eu tivesse sido recebido para essa conversa". E nada do que eu dissesse fosse aproveitado, pelo menos, eu teria me ausentado do castigo por quarenta minutos, e isso pessoalmente, seria um ganho extraordinário a ser levado em consideração, pois, dez minutos que seja fora daquele lugar, tem que ser contabilizado na devida proporção da importância que isso representa para quem cumpre sanção no latão.

O que mais me perturbou durante os dias que por ali estive é o fato de aquele local ser infestado de muriçocas, e o cantar desses bichinhos me afeta sobremaneira. Pareceu-me que a presença delas ali, propositalmente, faz parte do castigo.

Tanto em tamanho quanto em quantidade, os pernilongos eram abundantes. Descontando qualquer exagero da minha parte, a impressão que tive é que as via em tamanho que se aproximava de um beija-flor, que carregava acoplado ao seu bico um punhal, ou um sabre, que lhes permitia realizar seus ataques, nos impondo estocados bastante doloridos. Suportar esse tipo de tortura, que impossibilitava uma completa noite de sono, foi para mim, o maior tormento.

Outra infestação que podia ser observada era de besouros. Não sei o nome científico da espécie, mas a conheço pelo nome popular desde que eu era criança. Geralmente os cientistas complicam demais ao nominar as espécies. E se assim não fosse, ao final desse parágrafo, eu não cometeria a deselegância literária, que serei obrigado a cometer, por pura ignorância, dizendo o nome popular do bicho.

São animaizinhos de grande serventia na natureza e ajudam tanto na fertilização do solo, como também contribuem para que as águas das chuvas penetrem com mais facilidade e desçam ao subsolo. Ainda menino, em tenra idade, eu os observava em plena ação. Os vi a primeira vez no interior do meu estado natal, Pernambuco (no Sertão), e logo depois pude observá-los na favela de Aguazinha, em Olinda, local onde morei (já lhe falei de Aguazinha em outra ocasião, lembra?). Nesses dois locais em que moramos, nossas precárias moradias não dispunham de banheiros com vasos sanitários. Tínhamos a "casinha", "privada". Só que criança não ousava usá-la por medo de cair naquele buraco escuro que ficava logo abaixo de onde os adultos se agachavam para fazer uso. O costume da criançada era mesmo fazer as necessidades ao ar livre, e mesmo antes de terminar o "serviço" um besouro, aquela miniatura de tatu, uma espécie natural de um trator de esteira, com uma força desproporcionalmente maior com relação ao seu tamanho, se apresentava, cavava um buraco ao solo e dava início na faxina, sepultando em cava funda todos os dejetos por ele encontrados. Esse importante trabalhador da natureza era o "Rola-Bosta".

Eu duvido muito que no meu tempo de criança, e até nos dias atuais, meninos e meninas pobres do interior, das favelas e das periferias desse nosso imenso e desigual país, não tenham um dia, por falta de um brinquedo, se divertido muito a brincar com o "faxineiro natural", fazendo dele o seu pequeno animal de carga, a transportar tudo que pudesse ser amarrado sobre sua carapaça. De outro modo, ele, o "brinquedo", se transformava em um jumento carroceiro que puxava uma caixa de fósforo amarrada em suas patas traseiras. Era a carroça perfeita, e ela podia ser carregada com terra, ou qualquer outro produto, que o peso não seria impedimento para que aquele "Hércules" deixasse de realizar a tarefa.

Se quisesse ter um avião, era o bastante, amarrar uma só pata traseira, e esperar pacientemente que aquela "aeronave" levantasse voo, e segui-la dando linha, sendo a criança nesse momento, o controlador de voo e, ao mesmo tempo, o piloto. Tudo isso sem levar em consideração o alto risco de contaminação que o "brinquedo" ocultava, por pura inocência infantil.

A presença daqueles besouros ali no latão ativou arquivos da minha memória que há muito eu não os acessava, e fez-me rememorar uma boa parte da fase da minha meninice. Lembrei do fato de que, para conseguir um bom pedaço de linha de costura que possibilitasse que o "avião" fizesse voo, mais longo e sem escala, era necessário fazer apelos que comovessem minha mãe a ceder um generoso pedaço, ou pegá-lo escondido, correndo o risco de repreensão severa.

Naquela época a grande maioria das mulheres possuía em casa todos os aviamentos para costurar. Ter agulhas e linhas era fundamental para exercer a arte do remendar. Agulhas e linhas eram itens básicos. Todas as mães de família aventuravam-se também a desenvolver habilidade no corte e na costura de roupas. Com minha mãe não foi diferente. Ela produzia excelentes roupas "novas" para nós, feitas com os tecidos de desmanche das vestes velhas dos adultos, e eu ficava todo faceiro ao ganhar uma daquelas. O meu primeiro enxoval ao nascer foi minha mãe que produziu, usando o tecido originário de dois vestidos usados que a minha avó Maria Grande deu de presente. E como o próprio nome sugere minha avó era enorme e, além disso, só usava vestidos que a cobrisse para baixo do meio da canela. Imagina a quantidade de tecido que uma veste dessa possibilita.

Hoje vejo e observo muito a discussão em torno da necessidade de um consumo mais consciente voltado para o reaproveitamento dos recursos materiais já existentes, em nome da preservação do planeta. Isso é ótimo! Porém, na minha família, nós já fazíamos assim desde sempre. Não motivados naquela época por razões ambientais ou ecológicas, mas sim, obrigados por força da pobreza extrema. De qualquer modo, sempre demos a nossa contribuição.

Bem, minha querida, para não correr o risco de afastar-me por mais tempo do nosso tema central, encerro por aqui a sessão nostalgia.

Vamos voltar ao latão.

Como já lhe disse, ali havia uma enorme quantidade desses besouros. O bom, é que pelo menos, eles não conseguiam ter acesso ao interior das celas. As duas aberturas que havia, eram protegidas com uma tela de aço, com malhas em quadros, que media cerca de um por um centímetros, por onde não caberia um inseto do porte daquele.

Durante a noite, esses animais chegavam aos milhares na unidade prisional atraídos pelas luzes dos fortes refletores. Os que acessavam o corredor do latão ofuscado pelas lâmpadas, que ali jamais ficam apagadas no período noturno, caiam numa verdadeira armadilha, um alçapão do qual não conseguiam retornar, e a maioria ali morria, presos no corredor da morte. Não digo isso apenas em lamento pelas mortes dos besouros, mas também e, principalmente, porque por aquele corredor, entraram no latão pessoas que poucos dias depois, ou no mesmo dia, sairão por ele envelopadas em sacos mortuários para serem entregues aos seus familiares. O corredor tem fim na cela 06.

CARTA 05 DO LATÃO ESCRITA EM 24 DE NOVEMBRO DE 2020

Angela,

Como estava a dizer, o corredor termina junto às celas 05 e 06, e uma parede põe fim ao mesmo. Os besouros que ali entravam por uma passagem estreita não conseguiam, em sua maioria, retornar. Encandeados pelas luzes, ficavam voando a se chocar contra as paredes do corredor, e apenas os que colidiam contra a porta de aço eram capazes de perturbar o silêncio tumular da noite. Pela manhã, a grande maioria deles, encontrava-se mortos ou bastantes debilitados devido os inúmeros choques noturnos, e eram varridos às centenas para fora do corredor da morte.

Percebi que isso, essa grande quantidade desses bichos ali, é fruto indesejável do grande processo de desequilíbrio ambiental pelo qual está submetida toda essa região do estado de Minas Gerais, pois não é comum e nem normal ver tantos animais dessa espécie reunidos num só lugar. Em toda a penitenciária a quantidade em poucos dias atingiu cifras de milhões.

Por outro lado, pensei que a presença deles naquele recinto, poderia ser outro recado que a nossa mãe natureza estava a nos enviar, de que ela, em sua benevolência, havia colocado um exército daquela monta, a nos alertar, de que aquele local fede em todos os sentidos, e que as suas tropas de "soldados faxineiros" se encarregariam de sepultá-lo definitivamente. Tudo cheira mal naquele ambiente. Há mau cheiro da injustiça. Há podridão do abuso de autoridade. Exala o odor das torturas físicas e psicológicas e, por fim, há o cheiro de sangue e morte.

Querida, por ter mencionado o tema do desequilíbrio na natureza, dessa vez quero pedir sua licença para me afastar só um pouquinho do assunto central e mandar um recado condensado aos principais responsáveis por tanta destruição ao meio ambiente e seus aliados. Prometo que serei breve. Faço isso na esperança de que um dia mais alguém, além de você, lerá o conteúdo das nossas cartas, quando, quem sabe, elas se tornem públicas. Vamos lá.

Agro é tudo! É assim que a Rede Globo alardeia em propaganda midiática, no seu horário nobre, a maior campanha de maquete fraudulenta já exibida por tão longo período na TV aberta do Brasil. Trata-se do maior estelionato midiático produzido por agências de propaganda que induzem o povo a acreditar que o agronegócio é tudo de bom.

As imagens apresentadas em pequenos vídeos exibindo a produção rural trazem muitos alimentos, produzidos por agricultores familiares e pequenos produtores que são usurpados nesse trabalho de enganação, para servir de base visual e atrair a atenção do público a um apelo, para uma importância bem maior, do que de fato o setor agro realmente representa. Quando falo agro, estou a me referir à agricultura e a pecuária empresarial.

Os principais produtos do agro são: soja, milho, algodão e proteínas de animais bovinos. Servem todos esses para a exportação. A negociação dessas commodities ocorre nas bolsas de todo o mundo, bem antes do produto estar pronto em solo brasileiro. Quase nada do que o setor produz fica no Brasil.

O milho e a soja servem lá fora para engordar os bois europeus, norte-americanos, como também na produção de biocombustíveis para mover a frota de carros luxuosos da burguesia do velho continente e da América do Norte. Os seus veículos luxuosos não podem beber combustíveis fosseis, porque faz muito mal aos seus preciosos motores. Ao passo que inúmeras famílias pobres e miseráveis que habitam em países subdesenvolvidos ou em desenvolvimento, não acessam sequer um punhado desse mesmo milho para preparar um cuscuz para se alimentar. Bem, desabafo à parte, não vou me estender nessa seara, mas quero dizer que a PAOJ está localizada no município de maior produção de grãos do estado de Minas. O município de Unaí já foi todo devastado, sua biodiversidade está comprometida seriamente e o meio ambiente como um todo está alterado em escala alarmante. Os besouros rola-bosta são um alerta que nos chama atenção para todo esse mal.

Bem querida, para fechar o meu breve protesto, quero parodiar a propaganda global "agro é tudo".

**Agro! A indústria da
tristeza do Brasil.
O desequilíbrio ambiental é agro.
O agro altera a biodiversidade
nos locais aonde se instala.
Destrói áreas de preser-
vação permanente,
Topo de morros e reservas legais.
O agro envenena
os cursos d´água**

E utiliza sem nenhum critério, os
nossos recursos hídricos
Em benefício exclusivo do setor.
O agro destrói a fauna e a flora.
O desmatamento da Amazônia,
E as incontáveis queimadas que
destroem os nossos biomas,
Também é agro.
Agro é seca!
Agro é morte!
Agro é tudo isso, e
não está na Globo.

Bom, para contestar esse crime de "171" midiático e ampliar meu protesto, pretendo sair daqui, gravar um vídeo semelhante, exibindo imagens das destruições produzidas pelo famigerado setor, com a narração do texto feito no mesmo tom de voz que aparece no vídeo insolente que a Globo exibe, e o fundo musical será o mesmo. Não será exibido pela Globo, mas temos as redes sociais.

Querida Angela, penso em concluir esta, sem voltarmos ao latão. Retornaremos em cartas futuras. Quero falar sobre outros assuntos.

Eu já falei com minha filha Camila para lhe remeter as cartas originais que recebi de você. Fale com ela. As cartas suas que recebi este ano estão aqui no "barraco" comigo. Vou também mandá-las. Espero que todas cheguem a tempo, para que não haja atraso no trabalho que você está a fazer, por demora no envio.

Quero em especial, agradecê-la por todo o apoio que tens dado durante essa caminhada em que me acompanha lado a lado desde 2017.

Você é responsável por uma grande transformação que ocorre em minha vida, e é mudança para melhor.

Os livros que me enviou estão aqui na PAOJ, porém não tive acesso aos mesmos. Em breve irei debruçar sobre eles e me deliciar nas saborosas leituras que você costuma me ofertar.

Querida, por tudo isso, só posso dizer muito obrigado, e não digo por mera formalidade, é real minha gratidão.

Um forte abraço. Fique em paz.

57

CARTA 06 DO LATÃO ESCRITA EM 30 DE NOVEMBRO DE 2020

Querida Angela,

Parei por 48 horas o que estava a escrever sobre o latão, em razão da caneta e o papel terem acabado. Fui ao banho de sol nessa sexta-feira, dia 27/11, com objetivo de comprar de algum detento esses materiais tão necessários. O sistema só permite a entrada mensal de uma caneta e um caderno de 60 folhas. Para mim, que estou a escrever "Heranças de um vintém", o relato do latão e as cartas aos amigos e familiares, essa cota é totalmente irrisória. Aqui dentro do pavilhão até se arruma para comprar, porém, como não circula dinheiro, o pagamento é feito com parte da alimentação diária que recebemos. Uma caneta aqui custa quatro "marrocos" e o caderno, oito. Quem tem e pode vender, prefere itens de alimentos. Se a "moeda" de transação fosse sabonetes, sabão em pó ou outro tipo de materiais de limpeza e higiene pessoal, para mim seria mais fácil, eu os tenho no "barraco". No mercado carcerário esses produtos tem baixa liquidez. Portanto, ficarei uns dias sem tomar o lanche da tarde completo por falta de pão, mas resolvi o problema. Recordo-me que há dois ou três meses, passei por dificuldade igual, e me vi obrigado, por força da necessidade, a dar em troca de uma caneta, que custa aí fora 75 centavos, um par de sandálias havaianas novinhas que havia chegado pra mim via "cobal". (Ah, desculpe pela propaganda da marca da sandália). Elas devem custar em média 16 reais. Até hoje, nunca me arrependi desse negócio que realizei, e sempre penso que saí em vantagem nessa barganha. É claro que o companheiro ficou sorrindo de orelha à orelha, mas pensei na possibilidade de onde aquela caneta poderia me levar. Fui muito longe com ela, fiz várias viagens de longa distância, coisa que aquele par de sandálias, não me possibilitaria estando eu preso. O preço, a valoração e a importância dos bens materiais, há de ser sempre relativizados.

Querida,

Daqui para frente, passarei a enviar as demais cartas do "latão" escritas na letra do "irmão" Jandeson, que é um companheiro e colaborador voluntário do meu trabalho. Como o mesmo faz sempre uma cópia de tudo que lhe escrevo para deixar arquivadas comigo, quero apenas inverter essa lógica.

O que eu ganho com isso? Explico: nas três folhas escritas por ele, cabe mais conteúdo, portanto, gastarei menos envelopes e menos selos para enviá-las e, nesses dias de falta de materiais, toda economia é bem-vinda. Peço a sua compreensão e sei que eu a terei. Pois bem, querida, estou pronto e a convido para voltarmos ao latão.

Na terça-feira, dia 03/11, fui mudado da cela quatro para a três, sob o pretexto de que os presos seriam realocados de acordo com os pavilhões de origem. Na cela três havia dois colegas vindos do pavilhão 'C'. Sem mais demora a mudança foi efetivada. Ali na cela três estavam Alisson e Silton, esse último conhecido como "Véião".

Véião, não sei se você lembra, eu já falei dele para você por carta. É um senhor de 63 anos que foi torturado no mês de agosto e ficou com o rosto desfigurado de tantos hematomas provenientes das pancadas que recebeu, e por ter tido seu rosto comprimido e batido ao solo por várias vezes.

Inicio assim a apresentação dessa figura lendária dentro do sistema carcerário.

Bem, no pavilhão, eu e o Véião somos próximos, porém nunca havíamos estado juntos na mesma cela. Logo no primeiro dia, percebi algo diferente de todos os presos com quem convivi até então.

Véião tem mania de limpeza, e de tudo, isso não é ruim, mas se irritar com os farelos de pão que caem no piso da cela me chamou muito a atenção inicialmente. Inquieto, lavava o "boi" cinco vezes ao dia. Reclamava se o registro do cano que sai a água do banho estivesse sido apertado para além do que ele imaginava ser o necessário. Irritava-se muito facilmente e oscilava o humor com certa facilidade. O processo de desgaste na relação dele com o Alisson eram notórios. O Alisson muito resiliente suportava ser chamado à atenção com frequência. Não sei como os dois haviam levado até ali sem um conflito mais forte, pois já fazia vinte dias que pagavam juntos o castigo.

Comigo, talvez por sermos contemporâneos, ele, o Véião, pegava mais leve. Só tive um desconforto direto com ele mesmo. Numa cela como as do latão, quando se acomoda três colchões, fica um espaço de 30 centímetros entre eles. O meu ficava no meio entre Véião e Alisson. Numa tarde, o meu colchão havia afastado dois centímetros rumo ao Véião e eu não tinha percebido. Véião me chamou à atenção por esse meu "descuido". Aí eu fui obrigado a testá-lo para ver até que ponto ele seria capaz de chegar com suas reclamações. Olhei para o mesmo, antes de corrigir meu "erro" e pedi-lhe que olhasse para mim e falei:

- Véião, você acha mesmo que eu tenho alguma satisfação em dormir colado a qualquer barbado? Talvez você esteja me confundindo. É isso mesmo?

Véião não me respondeu, e eu afastei o meu colchão cinco centímetros em direção ao Alisson.

Analisando o comportamento do companheiro, percebi que ele carregava consigo transtorno bipolar. Mais clareza disso tive quando nossas conversas começaram a fluir. Puxei muito a língua dele, para que me contasse a sua história de vida e de crimes, e os dias que ficamos juntos só serviram para fortalecer uma amizade que já havia se iniciado no pavilhão "C". Foi muito importante para mim as prosas que tivemos. Conversamos tanto que hoje eu me atreveria biografá-lo. Não é o caso, pelo menos por enquanto, entretanto, acho importante minha amiga, dizer a você parte da conversa que tivemos. Véião é seu conterrâneo.

Silton Fernandes Borges, nascido em 31 de janeiro de 1958, em Águas da Prata – SP. É o quarto filho de uma família de doze irmãos, sendo seis homens e seis mulheres. Filho de Onofre Jacinto Borges e Zulmira Fernandes Borges.

De forma intercalada, Véião já totalizava 35 anos de cadeia cumprida por tráfico de drogas e outros crimes. Desde a última vez que deu entrada no sistema carcerário já se vão 16 anos sem ver a rua.

Foi preso essa última vez, na cidade de Campestre – MG, em 18 de maio de 2004, em um sítio à beira da estrada, onde havia junto com seus pares montado um pequeno laboratório para refino de cocaína. De lá para cá, passou por várias cadeias e penitenciárias até chegar aqui na PAOJ. Começa essa nova fase da sua longa jornada carcerária no presídio de Poços de Caldas – MG e é transferido para diversas unidades prisionais, percorrendo todo estado mineiro.

Sua primeira transferência nessa fase se dá para a penitenciária de Três Corações, daí para a penitenciária de Formiga e de lá para a penitenciária de Francisco Sá, e cumpre parte de sua sentença no RDD (Regime Disciplinar Diferenciado) desta unidade. E segue sendo transferido: penitenciária Dutra Ladeira é a sua próxima parada, daí à penitenciária Agrícola de Ribeirão das Neves, voltando à Três Corações e Poços de Caldas, e de lá vem transferido direto para PAOJ, onde chega em 09 de março de 2014.

Na sua adolescência, fora internado no Sanatório Antônio Luiz Sayão em Araras – SP por duas vezes, aos quinze e aos dezessete anos, por suspeitas de doenças mentais, porém, fugiu nessas duas oportunidades que ali esteve. Perguntei-lhe sobre o diagnóstico que os psiquiatras haviam chegado, e ele me respondeu que nada foi detectado de anormal em sua mente. Penso que nesse ponto da nossa conversa houve uma omissão por parte dele. Eu mesmo já havia notado algo muito diferente em seu comportamento.

Foi preso a primeira vez ainda adolescente e, após ficar adulto, percorreu quase todas as unidades prisionais de seu estado de origem, São Paulo.

Véião me contou sobre as sessões de tortura na época do regime militar, em que nas cadeias públicas, presídios e penitenciárias ainda usava-se como forma de tortura o "pau de arara", levando choques elétricos em suas partes íntimas e nos ouvidos e boca. Contou que os torturadores optavam, preferencialmente, por colocar um fio condutor de eletricidade dentro do buraco de algum dente que estivesse cariado. Isso, segundo Véião, potencializa em muito a agonia de quem recebe esse tipo de choque. E ele já experimentou tudo isso.

Bem, a sua vida de crimes, vivendo em uma numerosa família, na qual apenas ele pegou esse caminho, o afastou da maioria dos seus irmãos.

Como a ideia aqui não é fazer a biografia do Véião, mas quero falar um pouco das relações dele com parte de sua família.

Sua mãe, Dona Zulmira, lutou por toda a sua vida para tirar seu filho Silton do mundo do crime, mas todos os seus esforços foram em vão. E ela, convicta de que havia falhado na educação do filho, ao adoecer, já aos 83 anos, e acamada em um leito de hospital, pede para um advogado, amigo da família, fazer gestão junto ao sistema prisional para que permitisse que Véião a visitasse. Nessa parte da nossa conversa percebi que ele estava bastante emocionado. Dei um tempo na investigação, e assim que vi que o mesmo tinha se recomposto, retornei.

Ele me disse que foi escoltado até o hospital, e que os policiais que o levaram permitiram que a conversa fosse reservada. Sua mãe se emociona ao vê-lo, e pede ao mesmo que a perdoasse por ter falhado com ele. Véião toma um susto com essa fala e consegue responder, disse à mãe que ele não tinha nada a desculpá-la, nada a perdoá-la. Que se tinha alguém ali que deveria pedir perdão era ele a ela, por ter lhe causado tanto desgosto. Que tudo que ela fez para seus irmãos, ela também tinha proporcionado para ele um tratamento igual.

Querida, continuo na sétima carta.

Um forte abraço a você. Fique bem.

CARTA DO LATÃO 07 ESCRITA EM 15 DE DEZEMBRO DE 2020

Querida Angela,

Inicio a sétima carta desta série. Espero que algumas já possam ter chegado a suas mãos. Na carta de número 6 eu parei na parte em que, no hospital, a mãe do Véião havia lhe pedido desculpas por ter falhado com ele em sua educação, porém dando continuidade ele exclamou:

"Eu escolhi esse caminho do crime por opção própria, e que ninguém da família era responsável por isso, e muito menos a senhora". Disse que a amava muito e pede perdão a ela, por ele não ter sido o filho que ela idealizou. Conclui essa frase da sua fala à mãe dizendo que, em prova do seu amor, carinho e respeito a ela (ele que havia se tornado pai um mês antes de ser preso), deu a sua filha primogênita o nome de Zulmira Fernandes Borges.

A mãe de Véião ainda não sabia disso, e ao saber naquele momento, chora. Mas faz um breve protesto ao conter as emoções e diz ao Véião:

"esse nome é muito feio, eu mesma nunca gostei do meu nome, filho".

Para finalizar aquela visita, Véião tratou um assunto que o corroía por dentro, e disse para dona Zulmira:

"Minha mãe, sei que nas condições que a senhora se encontra, não devo trazer-lhe preocupações, porém, quero te pedir um grande favor. Se a senhora não puder me atender, nada vai mudar no que sinto pela senhora."

Ela autorizou que ele prosseguisse, e então se surpreendeu com o pedido.

Véião diz:

"Minha mãe, peço que a senhora perdoe minha tia Lourdes, na verdade, ela é menos culpada que meu pai. Foi meu pai quem a seduziu, aproveitando do momento de fraqueza emocional e financeira em que ela se encontrava, e tirou proveito daquela situação. Minha tia é uma boa mulher, é a minha melhor tia, me ama e eu também a amo, como amo a minha irmã Cláudia nascida dessa relação, a amo como amo as minhas irmãs que nasceram da senhora. Perdoar e se reconciliar com a tia Lourdes lhe fará bem minha mãe. Tire esse peso que a senhora já carrega sob seus ombros por tantos anos".

A mãe de Véião lhe disse que achava que não seria capaz de atendê-lo. A visita acabou e Véião retornou ao cárcere.

A sua mãe teve alta do hospital para que pudesse morrer em casa. O seu mal era incurável, e a sua idade avançada dificultava o controle.

Véião recebeu por carta na prisão a notícia da morte da mãe, após um mês do falecimento da mesma. Ele já havia sido transferido de Águas da Prata – SP para Poços de Caldas – MG, e o sistema não atendeu ao pleito de sua família, que solicitou que o mesmo fosse levado ao velório da mãe e acompanhasse seu sepultamento e tampouco o avisou dos fatos.

Na carta que trouxe a triste notícia, sua irmã Adélia relata os fatos e diz que sua mãe pediu, pouco antes de falecer, que a tia Lourdes fosse levada a sua presença a convite da própria Zulmira, e que ambas conversaram por mais de uma hora, mas que o conteúdo desse diálogo ninguém, além das duas, tinha conhecimento.

Adélia se dizia muito feliz com aquela reconciliação quase tardia.

Foi aí que Véião percebeu que sua amada mãe tinha atendido ao seu pedido.

Sua tia Lourdes o escreve contando sobre essa atitude surpreendente, e se dizendo muito feliz por ter reconciliado com Zulmira.

Véião nunca disse a mesma que ele havia sido o responsável pela construção dessa ponte, ou que ele próprio teria servido de elo entre as duas.

Na quinta-feira, dia 05/11, Alisson vence o castigo e retorna ao pavilhão. Agora seria apenas eu e o Véião no "barraco 03".

Na sexta-feira, dia 06, à tarde, no momento da conferência, Véião alerta aos agentes de que estaria vencendo o castigo naquele dia, e que, pela manhã do dia 07, sábado, seria a tão esperada hora dele também voltar ao pavilhão.

No sábado pela manhã, ao receber seu caneco de café e o pãozinho, ele torna a lembrar aos carcereiros que já estava vencido o castigo. A manhã foi avançando sem que nenhuma novidade acontecesse. A ansiedade de Véião aumentava e ele chama o guarda do latão e renova o apelo para que seja levado de volta ao pavilhão. O agente diz:

"Não sei se você está vencido ou não!" "Vamos ver". "Pode esperar, que se tiver de ir, você irá".

Foi aí que eu vi a personificação da neurose em estado desenvolvido. Véião passa a gritar mil "desgraças" e a protestar em voz alta lamentando pela resposta recebida ao seu apelo.

Eu me preocupei muito com aquela situação, pois o risco que havia era dos agentes imputá-lo uma nova falta, e Véião ter que continuar no latão por mais dez ou quinze dias.

Eu sabia que tinha que fazer algo que pudesse evitar o pior. Véião não me ouvia. Eu disse a ele inicialmente que aquela postura dos agentes tratava-se de um jogo desleal, e que o mesmo não caísse naquela armadilha que estava preparada para capturá-lo. Que o objetivo do sistema era tirá-lo do sério, e que no momento o jogo já estava um a zero para os agentes, e que ele não facilitasse para não levar de goleada.

Nada do que eu dizia era capaz de acalmar a manifesta fúria em Véião.

Num momento em que ele se deitou pela terceira vez sobre o colchão e pressionou o cobertor sobre seu rosto, como quem não quisesse ver ninguém, e antes que o mesmo pudesse levantar-se novamente, lembrei-me do seu gosto musical, assunto que havia abordado durante os dias que estivemos juntos. De imediato comecei a fazer uma lenta caminhada no espaço diminuto daquela cela e comecei a cantar músicas dos artistas da sua predileção. Não foi difícil, pois o nosso gosto musical é o mesmo. Foi essa estratégia que usei naquele momento decisivo. E a utilizei na busca de tentar trazer Véião de volta à razão.

Comecei aquela cantoria com Zé Ramalho, a cantar "Admirável gado novo", a "Terceira lâmina" e "Cidadão".

Passei a "Porto solidão" de Jessé e do Peninha cantei "Sonhos" e "Sozinho".

Daí para frente, já não me recordo mais a ordem do repertório, mas segui a cantar.

Do Belchior, cantei "Paralelas" e "Como nossos pais". Do Fagner, cantei "Mucuripe", "Noturno".

Do Djavan, veio "Pétala", "Meu bem querer" e "Faltando um pedaço".

De Raul Seixas executei "Maluco beleza", "Tente outra vez" e a "Maçã".

A essa altura do show, percebi um ressonar. Véião havia pegado no sono. Aparentemente a fera havia sido sedada. Continuei a cantar objetivando agora que o sono pesasse sobre ele, e fui adiante, cantando sempre em tom suave, voz ambiente, como quem se propõe pôr uma criança para dormir. E percebi que o mesmo antídoto tranquilizante que fez Véião adormecer de forma distinta, também me ajudava naquele momento.

Do Rei do Baião veio "Asa branca", "Xote das meninas" e a "Triste partida".

Para o repertório não ficar extremamente machista, chamei a Elba Ramalho com "De volta pro aconchego".

Tetê Espíndola com "Escrito nas estrelas" e, quando menos esperava, a Marrom baixou em mim e comecei a dizer musicalmente assim: "Você me vira a cabeça, me tira do sério, desfaz os planos que eu fiz pra mim, me faz pensar porque que a vida é assim... Você não me quer de verdade, no fundo eu sou tua vaidade. Eu vivo seguindo teus passos, eu sempre estou preso em teus laços".

Lembrei-me de uma velha música que o meu pai cantava para mim. "Vendedor de caranguejo", não me recordo o autor. Lembrei-me do Beto Guedes, e desse veio "Som de Primavera", e do mesmo, segui cantando assim: "nem o sol, nem o mar, nem o brilho das estrelas, tudo isso não tem valor sem ter você. Sem você, nem o som da mais linda melodia, nem os versos desta canção irão valer".

De Rolando Boldrin, "Vide, vida marvada", de Osvaldo Montenegro, "Lua e flor" e "Bandolins". De

Geraldo Vandré, "Pra não dizer que não falei de flores". De Gonzaguinha, "O que é, o que é". De Gilberto Gil, "Não chores mais". De Gilson, "Casinha branca". De Fernando Mendes, "Cadeira de rodas".

Véião dormiu por aproximadamente trinta minutos e, ao acordar, continuou deitado, retirou o cobertor que tampava seu rosto e ali continuou quieto, deitado, ouvindo o que eu cantava. Quando o repertório faltava por algum momento, eu improvisava, preenchendo aquela lacuna de tempo, com declamação de poesias, e em um desses poucos momentos, lembrei-me do Patativa do Assaré e trouxe o primeiro verso do poema "A mulher que mais amei". Isso para mexer profundo nos sentimentos de Véião, pois o mesmo havia me confidenciado o seu amor incondicional por Betinha, chamada assim carinhosamente pelo mesmo. Era Elisabete, que morreu jovem, aos 35 anos de câncer no pulmão, por uso de cigarros. A única mulher que realmente ele havia amado por toda sua vida, e que mesmo após sua morte, ele continuava a amá-la.

"Era um modelo perfeito
A mulher que mais amei,
Linda e simpática de um jeito
Que eu mesmo dizer não sei.
Era bela, muito bela

Para comparar com ela,
Outra coisa eu não arranjo
E por isso tenho dito
Que se anjo é mesmo bonito,
Era o retrato dum anjo" (Patativa do Assaré).

Ali na cela 03 estava instalado um improvisado teatro, onde eu e o Véião éramos protagonistas de um espetáculo, que por força das circunstâncias fomos obrigados a assumir a peça sem ter tido tempo para ensaios. E seguir a cantar:

De Roberta Miranda trouxe "Majestade, o sabiá" e logo me vi cantando assim:

"De que me adianta viver na cidade, se a felicidade não me acompanhar? Adeus paulistinha do meu coração, lá pro meu sertão eu quero voltar..."

Percebi que "Saudade de minha terra" mexeu muito com as emoções de Véião. Na verdade, Véião é um caipira que abraçou a "carreira do crime", tornou-se um bandido, mas não perdeu a essência do seu interior paulista. Até o sotaque puxando fortemente o 'R' ele conservava.

Em um dado momento, ouvimos pisadas de coturnos dos agentes que se aproximavam da parede lateral da cela e que, aparentemente, haviam se posicionado próximo a "ventana", a ouvir o que se passava ali. A presença ali desse nosso público oculto, no máximo composto por dois agentes, não nos intimidou.

Continuarei na carta de número 8, minha querida.

CARTA 08 DO LATÃO ESCRITA EM 18 DE DEZEMBRO DE 2020

Querida Angela,

Nesta oitava carta do latão, eu darei um tempo a partir dela na narrativa. Voltarei em janeiro.

Eu já havia cantado algumas memoráveis canções do "maluco beleza", mas a presença dos carcereiros a nos espionar me levou a recordar "Ouro de tolo". Apenas cantei essa direcionada aos agentes do Estado, por ela ser muito representativa.

"Eu devia estar contente, porque eu tenho um emprego, sou o dito cidadão respeitado e ganho quatro mil cruzeiros por mês.

(...) Eu devia estar contente, por ter conseguido tudo o que eu quis, mas confesso, abestalhado que eu estou decepcionado.

(...) Eu devia estar feliz pelo Senhor ter me concedido o domingo pra ir com a família no Jardim Zoológico dá pipoca aos macacos.

(...) É você olhar no espelho se sentir um grandíssimo idiota, saber que é humano, ridículo, limitado, que só usa 10% de sua cabeça animal.

E você ainda acredita que é um doutor, padre ou policial, que está contribuindo com sua parte para o nosso belo quadro social..."

Bem,

Dado esse recado a quem nos oprimia, pois os mesmos que haviam tirado Véião do sério certamente estavam atrás da parede, levei a cantoria adiante.

De Vander Lee, "Românticos", de Milton Nascimento, "Coração de estudante" e "Cio da terra", de Renato Teixeira, "Chalana", "Tocando em frente" e "Romaria".

Lembrei-me de Pedro Boi, cantor montes-clarenses que tive o prazer de conhecer pessoalmente quando estive em Montes Claros – MG (MOC) por um ano, a exercer minha militância no MST (Movimento Sem Terra). Foram Anilde e Ellen, amigas e apoiadoras da luta no Norte de Minas, que me levaram a primeira vez ao "Curralzim do boi". É o bar mais frequentado em MOC. Ali se apresenta, com violão e voz, o também proprietário do estabelecimento.

Das oportunidades que frequentei o "Curralzim do boi", guardei canções autorais do mesmo, as quais trago sempre comigo, e as cantei para Véião. A primeira chama-se "Romance de colibri". Essa, meus pequenos adoram e cantam em coro. Foi esse coral que já ouvi que mais me emocionou.

"Como um colibri apaixonado, por uma flor de ipê, perdi a linha, saí do sério, perdi-me de amor por você."

A segunda canção que ouvi na voz do Pedro Boi é do grupo Agreste:

"No sacolejo do navio que cheguei aqui, meio vivo, meio morto foi que eu senti. O meu corpo lá jogado na pedra do porto, meio vivo, meio morto, mas não desisti. Pois quem nasceu pra ser guerreiro, não aceita cativeiro, por isso que decidi, enquanto o eco dos tambores ressoar nos ares, correndo na mata virgem, vou fundar Palmares. A sua chibata por mais que me bata, o meu corpo maltrata eu vou resistir, a sua chibata por mais que me bata, se não me mata eu volto a fugir.

Todas essas canções, e mais algumas poucas que não me recordo, fizeram parte do improvisado repertório que teve um tempo de execução de um pouco mais de três horas. Havia começado um pouco antes das oito da manhã, e quando já havia passado das onze, o agente carcerário, posicionando-se junto à ventana e visualizando desta vez o interior da cela, diz dirigindo-se ao Véião:

"- Ô preso! Pode arrumar suas coisas. Vamos tirá-lo em poucos minutos".

Foi nesse momento que acreditei que havíamos virado aquele "jogo", que no início da partida, pensei por um momento, sairíamos derrotados naquela disputa tão desigual.

Véião arrumou seus "troços" dentro de uma trouxa, deu-me um caloroso abraço e me disse momentos antes da porta da cela se abrir:

"Você atuou de forma brilhante na minha mente, e evitou um mal maior para mim; serei eternamente agradecido a ti por isso, sem palavras... fique em paz e muita luz pra você meu amigo".

Véião deixou o latão momentos antes que o almoço fosse servido. Dali para frente, eu estaria sozinho para compreender o efeito da solidão profunda num isolamento total.

Percebi que aquela manhã havia passado muito rápido, como num passe de mágica. Calculei que a caminhada que realizei naquele pequeno quadrado, mesmo caminhando lentamente da forma como fiz, poderia ter atingido de 8 a 9 quilômetros. Até então para mim, dentro do sistema carcerário, trata-se de um recorde.

Pensei que seria mais fácil cumprir o castigo sem ter que conviver com a neurose do companheiro. Pensei até que seria um castigo a mais, ter que me socializar por dias em tais condições. E talvez, por essa razão, eu teria me esforçado tanto para evitar que Véião pegasse mais dez ou quinze dias de castigo por possível desacato, e eu ter que tolerar tudo que resulta de uma pessoa que carrega consigo a bipolaridade. Porém, já no terceiro dia, totalmente só, numa solidão em alto grau, percebi que Véião me fazia muita falta. Os dias haviam ficado imensamente maiores, e o tempo parou de vez.

Ao retornar ao pavilhão na sexta-feira, dia 20 de novembro, cheguei no horário do banho de sol e logo que Véião me viu entrar no bloco, veio ao meu encontro e me recepcionou com um abraço. Repete quase na íntegra os agradecimentos que havia me feito no latão. Vira-se para alguns detentos mais próximos a nós e diz:

"Vocês não sabem, mas esse cara aqui, além de poeta, é cantor".

Ainda não satisfeito com os agradecimentos verbais a mim dirigidos, Véião me envia através de um "catatal" (bilhete menor que uma carta) uma mensagem escrita renovando seus agradecimentos.

O que li naquele dia 22 de novembro era uma prova inconteste da grandiosa humildade daquele homem. No momento que terminei a leitura, foi inevitável lembrar-me de Cristo, o Nazareno, quando ele se propunha a lavar os pés dos seus discípulos, ou daqueles com quem convivia. Pedi ao Véião autorização para transcrever o texto na íntegra e lhe enviar, minha amiga.

"Meu querido amigo Jorge, desejo muita paz e luz neste seu dia. Que Deus abençoe você rica e poderosamente todos os dias desta semana, e que sua inteligência cada vez mais venha aumentar. Agradeço profundamente por suas músicas, através da sua cantoria e da sua pessoa pude aprender que "nem tudo que reluz é ouro", e que "nem tudo que vagueia está perdido" quando se tem um amigo como você. Só tenho a te agradecer, por ser você essa pessoa calma e poderosa, que na hora 'H' tocou meu coração de forma exemplar. Comentei com uns companheiros, e com minha família através de carta e de um telefonema, que até a doutora Ane (assistente social) comentou comigo e riu do modo como você atingiu meu coração bem no alvo com a sua sabedoria. Obrigado amigo.

Jorge, estou a sua disposição para qualquer eventualidade, e muito vai me ajudar se você mandar suas roupas para que eu dê um trato nelas pra você.

Não quero nada em troca, ok?

Sabe amigo, exijo de mim 100% em tudo que eu faço, e você irá gostar. Eu também preciso fazer exercício físico, e lavar roupas está incluído nisso. Meu amigo, me ajuda a me manter saudável fisicamente, mandando para que eu possa lavar as roupas suas. Obrigado, Deus te abençoe.

Silton Fernandes Borges – Véião".

Querida,

Para encerrar a narração sobre esse personagem real que entrou na minha história de vida, quero ainda falar dele só mais um pouquinho.

Ainda no latão, quando eu estava a pesquisá-lo, ele me disse em protesto, algo que representa a sua busca mais importante, depois da liberdade, e digo isso entre aspas, porque fiz questão de guardar essa reclamação na íntegra. Feito isso, você compreenderá parte do que leva Véião à oscilação de humor.

"Me trouxeram pra cá, pra esse fim de mundo, num "bonde de escama". Foi tipo sequestro, pois eles não me deram opção. Eu não pedi, nem queria vir! Agora, tento há mais de seis anos um "bonde" de volta, pra ficar mais próximo da minha família, e eles não me dão? O bagulho é louco, irmão!"

Angela,

Nesse caso "bonde" é a transferência entre cadeia e "escama" vem do verbo carcerário "escamar", e não tem nada a ver com peixes. No linguajar dos presos significa que o detento passou por um processo de violência física. Quando te informei sobre as últimas torturas, que deixaram o rosto do Véião desfigurado, tudo isso foi fruto de um processo duro de "escamação" a que ele foi submetido.

O objetivo imediato do Véião é ser transferido, pelo menos para Belo Horizonte, ou quem sabe, na melhor das hipóteses, para Poços de Caldas –MG. Ele teme que o tempo restante da pena que ainda terá que cumprir, de quase sete anos, não possibilite sair a tempo de conhecer seus netos, aproximar-se de sua filha Zulmira, conviver com os filhos Arthur, Lara e Suelen, que não o conhecem, nunca tiveram contato, nunca se viram. Há outro que ele reconhece, porém não o registrou, e não conviveram também, que mora em Franco da Rocha – SP, e é dono de uma loja de vender e fabricar calçados, mas nem o nome desse último ele consegue lembrar-se.

CARTA 09 DO LATÃO ESCRITA EM 01 DE JANEIRO DE 2021

Querida Angela,

Hoje é dia 01/01/2021, e como eu havia dito, eu só voltaria a escrever o relato do latão (dar continuidade) agora em janeiro. Pois bem...

Ainda no domingo 01/11/2020, antes de ser mudado da cela 04 para a cela 03 e me encontrar com Véião, nesse dia, já no início da tarde, chegaram ao latão Corujão e Topeira. Estes, até meia hora antes, eram os "faxinas" do pavilhão "D", onde funciona aqui na PAOJ o regime disciplinar diferenciado – RDD. Estes haviam perdido os cargos que exerciam por desobedecerem a uma ordem expressa dos agentes carcerários. Ordem essa, impossível de ser cumprida por qualquer detento.

Os detentos alojados ali naquele bloco exigiram dos "faxinas" que os mesmos não servissem almoço naquele dia, e devolvessem as marmitas por estarem essas impróprias ao consumo. Os agentes de plantão na "gaiola" do pavilhão deram ordens contrárias, determinando a imediata distribuição das refeições cela a cela. Os "faxinas" nessa hora se viram diante das duas ordens conflitantes, e tiveram que fazer a opção pela mais sensata, coerente e segura aos próprios, acatando o pleito da massa carcerária, devolveram toda a alimentação.

Com essa atitude, os "faxinas" pegaram dez dias de latão, e chegaram ali bastante revoltados com a injustiça que julgavam terem sofrido. Essas informações, apurei com os mesmos durante o banho de sol que fomos juntos, na quinta-feira dia 05/11.

Eles ficaram alojados na cela 05, venceram o castigo no dia dez e retornaram ao pavilhão na manhã desse dia. Porém, nem deu tempo de esfriar a cela 05, porque chegou na parte a tarde nessa cela, também vindos do pavilhão D, Rossi e Boné.

Os castigos nessa penitenciária há muito estão banalizados, e por qualquer motivo, ou melhor, sem motivo, detentos são conduzidos à sanção disciplinar. O caso desses dois, a exemplo do que já citei nesse relato, também não se justifica tal medida extrema.

O motivo?

O Rossi havia cobrado, de forma um pouco mais firme, o cumprimento de um compromisso feito pelo chefe de equipe em mudá-lo de cela, e ao receber uma resposta que contrariava a já pactuada, o Rossi não se conteve diante da negativa e disse essas palavras ao policial penal:

"Eu gostaria muito que o senhor honrasse a sua palavra. Eu sou bandido mas costumo honrar o que eu digo, o que pactuo".

Essas palavras foram recebidas como desacato, e o Rossi foi conduzido ao castigo.

O Boné foi conduzido junto, sem saber por qual razão teve que acompanhar o Rossi nessa mesma ocorrência. Sendo que o mesmo não teve nenhuma participação no caso, e nem mesmo ocupava naquele momento a mesma cela.

Essas informações obtive deles no banho de sol do dia 17/11/2020.

O mais curioso nisso tudo, e acho que até certo ponto foi uma falha da segurança, é ter colocado juntos (mesmo que por breve momento), um preso comum como eu, a tomar banho de sol com um membro qualificado do Primeiro Comando da Capital – PCC, que é o caso do Rossi. Ele é um componente dirigente dessa organização criminosa. Eu o vi atuar dentro do latão dias antes de estarmos juntos no sol.

Era dia 13/11. Nesse dia, chegaram ao latão 12 presos vindos do pavilhão "Semi A". Seis ficaram na cela 01 e a outra metade na cela 06. Havia entre eles um perigoso conflito. O "B.O" que levou todos ali foi a descoberta de um "paiol" contendo várias facas, e que o responsável pela guarda das mesmas, até ali não tinha assumido a responsabilidade pelas armas, motivo pelo qual, todos os presos alojados na cela 13 do pavilhão "Semi A" foram conduzidos ao castigo.

O responsável pelas armas não havia se manifestado, porém, todos sabiam quem era. Ele teria que chamar os responsáveis pela segurança e assumir o "B.O", porém, até então, ele não havia adotado essa atitude.

O Rossi, ao perceber que o conflito estava instalado, pede a palavra em meio a uma grande discussão entre aqueles envolvidos, se identifica como membro da organização, se diz "irmão", e passa a dirigir uma reunião buscando o entendimento entre as partes envolvidas naquela peleja. Em poucos minutos, os ânimos que haviam se acirrado muito foram apaziguados. Um detento nominado por Gambá chama o chefe de equipe e assume toda a ocorrência, colocando-se como responsável pelas dez facas apreendidas, objeto daquele flagrante.

De onde eu estava, pude ouvir toda a fala do Rossi. O dirigente fez uma perfeita condução de sua fala, sem impor-se em nenhum momento, buscando trazer à tona e relembrar a "ética do crime" referente aquele tipo de situação. Como se diz por aqui: "é o certo pelo certo". Quem fosse o responsável, o certo era assumir, para não arrastar todos para o mesmo "B.O".

Foi essa a primeira vez que vi um bandido conduzir uma fala bastante eloquente, em tom sereno, não impositivo, convincente e apaziguador.

No banho de sol em que estivemos juntos, nos apresentamos, e eu pude parabenizá-lo pela brilhante condução que ele havia dado ao caso, e quis saber mais sobre o PCC. Eu tinha curiosidades básicas, por exemplo, como funcionava a estrutura hierárquica da organização? Como era feita a ligação da base com a cúpula? Quais eram as instâncias dentro da estrutura? Quais eram os nomes de identificação dos cargos ou núcleos? E quem é de fato o Marcos Camacho, o Marcola, dentro do PCC?

Todas essas perguntas o Rossi me respondeu sem ressalvas. Nesse banho de sol não fizemos caminhada, apenas conversamos por duas horas e meia. Falei um pouco de mim e da militância que exerço junto ao movimento social ligado à luta rural e no partido político. Mostrei a ele e ao Boné parte do meu trabalho poético e declamei "Pedagogia da Opressão" e "HABIB'S, o preço de uma esmola". O que pareceu apreciarem muito.

Os dois, Rossi e Boné, foram libertos do castigo no mesmo dia que eu, e saímos do latão juntos.

Quando Véião retornou ao pavilhão naquele sábado dia 07/11, eu fiquei sozinho na cela 03 até o dia doze, quando novamente fui mudado de cela. Retornei à cela 04 e ali eu cumpriria o restante do castigo acompanhado do Leandro, pois o Craniano, que ainda estava por lá quando eu retornei, foi "embora" no dia seguinte. O Bigode havia vencido cinco dias antes e já não estava mais por lá. Daí para frente seríamos eu e o Leandro, e o espaço da cela agora era ideal para cumprirmos os dias finais. Faltavam onze dias. Como preencher esse tempo? Era essa pergunta que eu me fazia todo momento. Como fazer passarem os dias? O que eu observei é que no latão a cada dia você menos se adapta psicologicamente naquele ambiente. A ansiedade cresce a patamares inimagináveis, o estresse aumenta consideravelmente e as suas condições emocionais ficam a cada dia mais fragilizadas. E nessas condições, procurei traçar um plano de atuação que me permitisse "vencer o tempo", fazendo com que o mesmo se abreviasse e que os dias lentos não fossem tão pesados e tão longos.

Logo percebi que o Leandro era um bom ouvinte, mas também gostava de falar se fosse provocado para tal. Respondia tudo que lhe fosse perguntado. Inicialmente, provoquei-lhe a falar de si. Me falou muito sobre sua vida pessoal, familiar e sua vida na carreira do crime, me disse sobre a dependência no uso de drogas e a vontade que tem de se libertar do crack. Falou a mim sobre sua última frustração amorosa e o abandono por parte da sua esposa, que ainda doía muito. Ele se emocionou quando tratávamos desse particular e me disse como foi aquele dia em que sua esposa lhe fez a última visita em cela, e informou que não mais retornaria à penitenciária para visitá-lo. Esses assuntos, essas conversas que tive com Leandro, o ouvindo falar sobre si, duraram dois dias. E a segunda parte do plano que idealizei para aqueles dias, só pude colocá-lo em prática do dia 15/11 em diante.

Contei ao Leandro os motivos das condenações que pesam sobre mim. Falei de família, da saudade crescente que sentia dos filhos, da esposa, dos amigos, irmãos, sobrinhos, netos, etc. Mostrei todas as poesias de minha autoria que tenho decoradas. Não são muitas. Falei para ele sobre a nossa relação e a troca de cartas que fazemos desde 2017, e quais os principais assuntos que abordamos durante esse período, e a forma como nos "conhecemos". Falei da minha pretensão de encadernar as cartas que lhe enviei e dar um título a esse trabalho. Disse sobre o livro de poemas que você está me ajudando na busca de uma editora que possa se interessar em publicar o mesmo. Falamos muito sobre espiritualidade e religiosidade, e nesse particular fizemos uma longa incursão, um mergulho profundo no tema, como até então, eu não tinha me aventurado. O Leandro é um exímio curioso, e não se constrangia em me provocar através de perguntas, para saber o que eu pensava sobre tudo que possa prover desses dois temas. E aí, tive que falar em respostas as suas indagações, como:

Você acredita em Deus? Você crer em ressurreição ou encarnação? Você crer que alguém possa escrever através da psicografia, como Chico Xavier fazia? E se isso que ele escrevia tratava-se mesmo de mensagens enviadas por espíritos? Você acredita que diabo existe? E que as pessoas possam ser possuídas por espíritos malignos e agir de forma involuntária?

Querida, continuo na próxima carta.

Um forte abraço fique em paz.

CARTA DO 10 LATÃO ESCRITA EM 28 DE DEZEMBRO DE 2020 E 20 DE JULHO DE 2021

Querida Angela,

Resolvi passar a limpo todos os meus rascunhos do relato do latão que estão comigo desde o final do ano passado. Eu havia interrompido o envio desta série na carta de número 09.

Quero a partir de agora concluir de forma definitiva esse relatório. Vou datá-lo do momento em que rascunhei em conjunto com a data atual.

Apenas farei alguns reparos nos textos originais. Nada que possa alterar tanto o que eu já havia escrito. Estou durante essa semana um pouco mais ansioso, e realizar essa tarefa me ocupará por alguns poucos dias.

Bem, querida,

Dando continuidade à última carta do latão que lhe enviei, eu disse ao final daquela que tive de responder inúmeras perguntas feitas por Leandro, dentro do tema proposto. Essa nossa conversa acerca desse assunto, imagino que possa ter durado mais de dois dias.

O meu pensamento sobre muito disso que o Leandro quis saber, eu já lhe confidenciei em cartas que trocamos. Quero aqui, apenas lhe dizer, o que eu disse ao colega e que ainda não te falei sobre esse aspecto da minha espiritualidade.

Eu disse ao Leandro sobre a forma que penso, referente a possibilidade de podermos nos manter vivos após a morte. Já falei um pouco disso a você, mas com o Leandro fui além. Em reposta a tantas perguntas, dei início tentando suprir suas curiosidades. Eu disse ao colega que a única forma que creio de nos mantermos vivos após nossa morte biológica, seria através da transmissão da nossa carga genética aos nossos descendentes, o que os nossos ancestrais já haviam feito conosco, e, portanto, viviam em nós. As vidas passadas estão em mim.

Penso que nós ainda não desenvolvemos a nossa capacidade plena de vivermos e revivermos os nossos antepassados em nós. O nosso cérebro ainda é, e por muito tempo ainda continuará sendo, um grande mistério a ser estudado, a ser descoberto. Imagino que possa haver a possibilidade de que, em algum momento no avançar da ciência, possa se descobrir que para além das características genéticas mais visíveis de nossos ancestrais, possa haver conosco complexos arquivos memoriais ancestrais que ainda não conseguimos acessá-los. Não aprendemos a fazer isso. Só com um pouco mais de evolução chegaremos a desenvolver essa capacidade. E sendo assim, poderemos realizar uma viagem no tempo através da mente, abrindo esses arquivos, e, tendo a nossa disposição imagens e mensagens ancestrais que nos contarão parte das nossas origens. E dessa forma, os que nos antecederam se completarão em nós. Isso não é ressurreição, nem é reencarnação. Mas, dessa forma, se completaria uma imortalidade possível, embora limitada, que tantos sonham em obtê-la.

Eu sempre achei pouco que o nosso genoma carregue dos nossos antepassados, apenas características físicas como a cor da pele, o tipo sanguíneo, a coloração dos olhos, o biótipo físico, tipo de cabelo, tom da voz, a forma de andar, costumes, gostos específicos, inúmeras doenças hereditárias, entre tantos outros.

Penso haver heranças genéticas memoriais arquivadas em nosso cérebro e que estão "perdidas" até certo ponto, há milênios.

Dessas coisas falei ao Leandro em nossa conversa. Respondi todas as suas perguntas referentes a espiritualidade, religião e crença. Sei que até certo ponto, as minhas respostas possam ter o decepcionado.

Após o esgotamento desses assuntos, passei a falar sobre o romance que estava a escrever antes de descer ao latão, e me dispus a contar ao companheiro todos os capítulos que já havia escrito de "'Heranças de um vintém", num total de onze que já estão prontos, como também, contei o que eu tinha em mente para concluir toda a história do livro. O mais curioso, e aqui faço destaque, é que no momento em que eu estava a narrar a morte de "Pai veio" (personagem do romance que morre nos braços de Dodó que é uma das principais protagonista da história), o Leandro estava chorando, e eu também não pude me conter e deixei a emoção em forma de lágrimas banharem meu rosto. Acho que ganhei uns quatros dias contando essa história ao colega.

Já próximo ao dia do vencimento do castigo, certa manhã, o detento que ocupava a cela 03 (onde antes eu havia estado), ao perceber que um grupo de carcereiros adentram no corredor do latão, de imediato faz um pedido ao primeiro que se aproximou da cela em que estava. Aproximação essa, apenas percebida pelo som das pisadas de coturnos, pois de dentro da cela, não é possível contato visual de quem circula pelo corredor. Sem perceber que o agente que havia parado próximo a porta da cela, tratava-se do próprio diretor de segurança, (o homem mais temido da penitenciária), o encarcerado fez um pedido:

- Senhor; peço, por favor, na humildade mesmo, peço que o senhor "gele o balão".

O diretor responde de imediato:

- Gelar o balão, preso!? O que é isso, preso!? Essa para mim é nova! Do que se trata?

- Apagar a luz, senhor! Disse o detento de nome Marcos Bueno. Há essa altura do breve diálogo entre eles, eu não pude me conter, e caí na risada de forma contida. Muito embora os policiais penais saibam e usam as linguagens carcerárias (gírias), tem coisas que só circulam entre detentos e, "Gelar o bolão" é uma dessas. Apenas no latão o ato de acender e apagar as luzes ocorre independente da vontade do preso. Os interruptores ficam fora da cela, no corredor.

O pedido do Bueno foi prontamente negado.

A essa altura de todos os acontecimentos ocorridos no latão, muitos dias haviam se passado. Parece que eu já estava ali há mais de um ano. Era essa a percepção que eu tinha. O sinal mais visível disso, eu percebia ao passar a mão no rosto, e através do tato, notar minha barba bastante crescida. No latão não entra barbeadores (faz parte do castigo, não barbear-se), portanto, quanto mais crescia a barba, mais próximo de vencer o castigo.

Os assuntos com Leandro pareceu ter se esgotado nos últimos dias de latão. Ficávamos por um longo período de tempo calados, pensativos, o tempo estava parado.

Numa dessas imersões em pensamentos profundos, mergulhados em mim mesmo, me encontrei revisitando a história do meu estimado amigo Elyanderson Pio. Isso fez aumentar a revolta que há em mim e que carrego desde 2013, por ser eu a principal testemunha nunca ouvida, sobre todas as perseguições baseadas em falsas acusações, que serviram para forjar um dos maiores crimes cometidos pelo poder judiciário, tendo como vítima esse meu amigo. Foi dessa forma que se deu início a um processo de injustiça que deveria causar repúdio e vergonha a toda justiça brasileira.

Recordei-me ali, que o Pio ao ser preso acusado de posse ilegal de arma, e que na cadeia local, foi-lhe imputado o crime de ameaça, agravando em muito o que já pesava sobre si, o Pio acabou vindo parar nesse latão. Só não saberei dizer em qual dessas celas ele esteve a cumprir sansão disciplinar abusiva por trinta dias.

A arma do Pio apreendida tinha registro e o mesmo tinha autorização para portá-la. Ambos os documentos estavam vencidos há dez dias. O Pio estava na cidade e sua arma estava na sua pequena fazenda no momento da prisão. Esse fato por si só, dava-lhe o direito de responder ao processo em liberdade. Porém, além de não ter seu direito reconhecido pelo juiz Dalmo Luiz da Silva Bueno, Pio veio transferido aqui para a PAOJ, mesmo se tratando de preso provisório, bons antecedentes, trabalho e residência fixa. Preenchendo todos os pré-requisitos para responder ao processo em liberdade.

Assim que foi preso, dois dias após estar na cadeia local em Buritis, o Pio me envia uma carta me relatando os fatos que envolvia sua prisão, e me pede que eu o defenda publicamente, e vai além, solicitando que eu publicasse sua carta na minha página no *facebook*. O mesmo sentia-se atingido em sua honra, por estar sendo prejudicado por um enorme processo de injustiça, em que o juiz Dalmo tentava marginalizá-lo, depreciar sua imagem de bom cidadão, tentou transformá-lo em bandido diante da opinião pública, deu repercussão midiática ao caso e distorceu os fatos a serem apurados no inquérito que se iniciava.

Abraços.

109

CARTA 11 DO LATÃO ESCRITA EM 28 DE DEZEMBRO DE 2020 E 20 DE JULHO DE 2021

Querida Angela,

Nesta carta onze do latão, vou continuar a lhe contar a revisão mental que fiz sobre a prisão do Pio nos últimos dias que ali estive, onde pude recordar todo o enredo repugnante que envolveu o seu encarceramento.

O Pio me confidenciou em outra oportunidade, enquanto esteve preso em Buritis, de haver uma disputa passional entre ele e o juiz, o que nunca veio a público. O juiz, embora sendo casado, demandava a atenção e os carinhos de uma jovem que trabalhava como estagiária no fórum local. Esse fato, segundo Pio, teria sido o motivador do mandado de busca e apreensão em sua propriedade rural, emitido por seu desafeto, que em cumprimento do mandado foi encontrada a arma.

Naquela cela, rememorei meu amigo por dois dias de forma muito intensa, revendo sua mais recente e dolorosa história. Numa das muitas horas que estive a pensar nele, era como se o próprio estivesse ali a me fazer companhia. Pude sentir sua presença sempre alegre a me dar forças para suportar os dias difíceis que se seguiam lentamente. Pensei no quanto os abusos de autoridade e os danos que as sentenças forjadas em seu desfavor poderiam ter lhe afetado, causando-lhe um enorme estrago em termos psíquicos. Pensei em todo o sofrimento que certamente aqui viveu. Para mim, essa experiência não tem sido nada fácil, e sempre pensei que o Pio era mais frágil do que eu. Essa minha percepção é de quem era muito mais velho do que ele, e de quem sempre teve pelo mesmo um zelo, comparado ao que um bom pai dedica a um filho.

Alguns dos nossos amigos em comum e o próprio Pio me disseram na oportunidade em que estive "foragido" que ele, o Pio, nunca mais foi o mesmo após ter cumprido as abusivas sentenças, ou, o arbítrio vergonhoso imposto a ele pelo juiz Dalmo.

O Pio havia me dito em visita particular que me fizera no local onde eu me encontrava reservado para evitar voltar a este inferno, é que ele havia desenvolvido na prisão a síndrome do pânico.

Angela, aquela publicação da carta do Pio na minha rede social deixou o Juiz Dalmo imensamente irado, e foi ali que ele também me elegeu como inimigo capital. E a partir daí, planejou sua vingança política e pessoal contra mim. No dia seguinte a essa publicação fui chamado à delegacia, mas nada disse à delegada a não ser que eu falaria somente em juízo. A delegada, a mando do juiz, abriu um inquérito para apurar suposto crime na publicação da carta. Depois de sair da delegacia, voltei para casa e elaborei um texto dando minha opinião sobre o caso Pio, e protestando por ter sido intimado a comparecer à delegacia apenas por isso. O que eu disse na rede social sobre o caso só serviu para ampliar a ira do juiz sobre mim e o Pio. Com essa atitude "chamei o diabo para casa da reza". Na semana seguinte, o juiz lavrou quatro sentenças contra mim, em processos que não tinham base de provas, senão, para absolvição, e ainda, como retaliação, transferiu o Pio para Unaí.

O que mais me revolta, não são as quatro sentenças condenatórias forjadas contra mim pelo nosso algoz em comum, mas sim, o que foi inventado como enredo sujo para justificar a transferência e a manutenção da prisão do meu amigo (e aqui abro esse parêntese para recordar uma pequena parte do seu poema "Trancelim", Angela).

"Tramóia, tocaia, trufa, treta". Tudo isso junto e reunido nas decisões do magistrado. Desta feita, para levar o seu intento adiante, forjam o crime de ameaça de morte que o Pio teria supostamente cometido de dentro da cadeia. O enredo dizia que o Pio sairia num "cavalo doido" (fuga) e mataria o juiz, o delegado Gustavo e o promotor de justiça.

Para tanto, buscando incriminar o Pio, o agente penitenciário Everton convence os detentos Alexandre e Hugo, que naquele momento encontravam-se presos em Buritis, a prestarem depoimento acusatório sustentando a tese infâmia da ameaça. Mediante promessas do agente Everton em conceder-lhes regalias dentro da cadeia, a exemplo de terem visitas íntimas, acompanhamento jurídico dos seus processos, cigarro, visitas dos familiares, entre outras ofertas. Os infelizes detentos, mediante promessa dessas vantagens, pactuaram com o agente a prestarem o falso testemunho. Em seguida, foi o próprio Everton quem os conduziu até a delegacia, onde o crime de falso testemunho se consumou. O efeito desses depoimentos, de forma imediata, foi criar as condições objetivas para a manutenção da prisão do Elyanderson Pio e sua transferência baseada numa periculosidade que nunca existiu.

Após seis meses decorridos desses fatos, os próprios presos, Alexandre e Hugo, dizendo-se arrependidos, retificaram seus depoimentos, afirmando que haviam prejudicado um homem inocente e bom. Disseram em novo depoimento que nunca houve ameaça alguma, que foram instruídos pelo agente Everton para agirem de forma caluniosa contra o Pio. Que Everton lhes ensinou até a forma como eles deveriam se postar diante da autoridade policial, como também o que dizer em desfavor do Pio.

Retificados os depoimentos, pouco adiantou. O estrago na vida do Pio já era imensurável, e ele continuou preso até o 11º mês pela demora da justiça em reavaliar e reconhecer sua inocência, o que se deu após recursos nos tribunais superiores. Aos detentos Alexandre e Hugo, restou-lhes irem para o "seguro" da PAOJ. Também foram transferidos de Buritis para cá, após terem decidido a não mais fazer parte dessa trama.

A população carcerária ao tomar conhecimento de todos esses fatos, os obrigou a pedir "seguro". Detentos sérios, não jogam com juízes, delegados ou botas.

Peço que não se preocupe por eu dar publicidade a essa história. Tenho todos os documentos necessários a prová-la, inclusive, os dois depoimentos do Alexandre e do Hugo. Uma série de outras provas que formam o dossiê mais completo que já conheci. Eu mesmo o montei. Meu "sonho" é que alguém venha reclamar em processo exigindo que eu prove tudo isso que lhe digo nessas cartas, que ao passarem pela censura da PAOJ, deixam de ser privadas.

A tragédia do acidente que vitimou fatalmente o Pio, suas duas filhas menores de idade (ainda crianças) e uma das suas tias, na qual o carro em que dirigia chocou-se de frente com um caminhão no Sul de Minas Gerais, próximo a Três Corações, foi resultado do estado emocional alterado, da falta de paz por que passava meu amigo, tentando provar sua inocência. E por ter adoecido psicologicamente durante o período em que esteve submetido aos rigores do cárcere.

Esse trágico acontecimento que envolveu o Pio e sua família levou Buritis a um estado de imensa consternação, pesar e um choque coletivo como nunca antes observado em toda a história da nossa cidade. Essa tragédia levou o povo do nosso lugar a realizar o maior velório público já visto em todos os tempos. A comoção tomou conta do nosso município, levou todo o povo a um enorme sofrimento ao se despedir das crianças, da sua tia e do homem que o juiz Dalmo tentou transformá-lo em bandido de alta periculosidade, da mesma forma que tenta fazer até hoje comigo.

Todos que conheciam o Pio sabiam do pai amoroso, do filho dedicado, do amigo fiel que sempre foi. Depois de toda essa saga enfrentada por ele, que culminou com sua morte, só restou aos familiares e amigos, assim como eu, chorar a tristeza, cercados de um pesado luto que trouxe a Buritis um rastro de desolação profunda, que sei, jamais haverá dia semelhante àquele vivido por todos nós. O Pio desceu à sepultura acompanhado de suas amadas filhas, Elize Vitória e Emanuele, seguindo-lhes nesse quadro trágico a fazer companhia a eles Jesuíta Pio da Silva, aquela que sempre teve um zelo especial por seu sobrinho. Como a querer continuar com seus cuidados, sua amada tia os acompanhou. Espero nunca mais ter que testemunhar dias de tanto lamento.

Não pude prestar-lhe uma última e merecida homenagem, por estar a me esconder tentando (...).

CARTA 12 DO LATÃO ESCRITA EM 28 DE DEZEMBRO DE 2020 E 22 DE JULHO DE 2021

(...) Evitar meu retorno para cá. Eram dias de muitas perseguições vividas por mim.

Angela, enquanto a lei brasileira continuar a proteger magistrados que cometem erros grosseiros ou crimes no exercício da função, como neste caso que lhe narro, não teremos uma mudança de postura do judiciário no sentido ético, pautado na cautela, na verdadeira imparcialidade, na isonomia, na impessoalidade e no respeito aos pagadores de impostos. Se não houver mudanças na lei abusiva de proteção absoluta aos juízes que cometem crimes, usando o escudo protetor que o cargo lhes confere, possibilitando aos que cometem desvio de conduta um salvo conduto prévio, dando um caro prêmio aos que erram, como uma gorda aposentadoria compulsória (punição máxima administrativa), toda a sociedade estará sujeita a se tornar refém desse poder absolutista sem precedente na história moderna. E os criminosos de toga tendem a se multiplicarem.

Não pude ir ao sepultamento do meu amigo. Apenas chorei solitariamente aquele luto que em particular, era meu também. A sua mãe, dona Lita, pude ainda enviar um áudio gravado com a voz embargada, estendendo meus pêsames a toda família. O luto imposto a mim pela morte do Pio me pesou muitos dias, e até hoje pesa. Não é fácil falar disso. A dor dessa perda, sem exagero, pode ser comparada a de quem perdeu um filho, mesmo eu não tendo vivido experiência igual.

Foi o Pio quem veio me buscar aqui na porta desta penitenciária quando tive direito a minha primeira saída temporária, após alcançado o regime semiaberto, depois de ter ficado por dois anos e oito meses na tranca do regime fechado.

Ao sair da prisão muito cedo naquele dia, já estava ele lá a me esperar. Sabia que o mesmo havia madrugado para estar ali naquela hora da manhã. Deu-me um forte e afetuoso abraço, demonstrando total alegria em me ver depois de tanto tempo de ausência. Em seguida foi logo me dizendo:

"Vim te buscar aqui, fiz questão de vir, mesmo contrariando a vontade dos teus filhos que gostariam de ter vindo nesta missão honrosa. Mas te digo, que te trazer de volta para cá, para esse lugar que infelizmente conheço bem, não serei capaz de fazer. Não posso suportar te ver entrar de volta para esse lugar. Vamos? Tem muita gente querendo te ver!"

Um pouco antes da sua morte, já em liberdade condicional, após ter cumprido pena por crime que não cometeu, a sua absolvição confirmou-se quanto ao crime de ameaça forjado.

Espero que a natureza seja generosa comigo me permitindo viver o suficiente para provar a minha inocência e ser absolvido de todas as acusações que pesam sobre mim desde 2013. Não será tão bom se isso ocorrer em período póstumo.

Querida amiga, ali naquela cela de número 04, vivendo uma solidão profunda, mesmo estando na companhia de Leandro, eu me sentia muito sozinho, e senti por várias vezes a presença do Pio ao passar das lentas horas. Meditei muito sobre o precioso tempo da minha vida que o poder judiciário havia até ali roubado de mim. Era como se estivessem a me matar aos poucos, numa tortura sem fim (para justificar uma pena de morte que ainda não é legalizada em nosso país), deixando-me todos esses anos preso ou foragido. A vida é tão breve, assim sempre pensei e, para um homem que já beirava os 54 anos nos dias de latão, sete desses anos perdidos nessa jornada de perseguição que parece não ter fim, ao meu ver, são irreparáveis.

Também rememorei o meu primeiro contato com o Pio. Foi amizade à primeira vista. Foi um ato de nobreza dele que nos aproximou para nunca mais afastarmos. Isso se deu quando o Pio, que era funcionário do Banco do Brasil, foi promovido a gerente da carteira agrícola da agência em nossa cidade. De cara, ele instituiu o cafezinho para ser servido também aos agricultores familiares e aos sem terras que acessavam aquela agência bancária. Antes dele assumir aquele posto, tomar cafezinho ofertado pelo banco, era um privilégio apenas dos fazendeiros do agronegócio. Era essa acolhida carinhosa e muito respeitosa que o Pio fazia questão de oferecer. Aos pequenos produtores cativou a todos do nosso movimento rural/sindical. O Pio mostrou com sua atitude o quanto prezava pela categoria dos menos favorecidos do meio rural. Democratizou de verdade as tratativas institucionais do banco com a diversidade de clientes que possuía. Sua atitude de respeito aos movimentos sociais pôs fim a uma série de episódios de ocupação da agência 1330-7 do Banco do Brasil em Buritis. Que era, antes dele assumir esse posto de comando, ocupada frequentemente pelo movimento rural para realizar seu protesto, reivindicando direitos, antes negados.

Na minha revisão memorial, remexendo meu baú mental, lembrei-me do episódio mais doloroso que o meu amigo viveu em tempo de cárcere.

Tratou-se do falecimento da sua avó que o criou. É bem provável que a angústia vivida por ela ao saber da prisão daquele que ela criou como filho tenha apressado sua morte. O Pio não teve direito de sepultá-la, de despedir-se dela. Formado bacharel em direito (embora sem a carteira da Ordem dos Advogados do Brasil), abriu mão da prisão especial para não ter que ser transferido para localidades mais distantes dentro do estado, pois na PAOJ não há celas especiais.

Como fiz no passado, ao ser chamado por Pio para defendê-lo publicamente, sinto-me ainda hoje responsável por sua memória póstuma. Orgulho-me em poder cumprir a tarefa, a qual ainda não concluí, e certamente escrever sobre ele, sobre essa história que soa como inacreditável, fez me honrar a missão dada a mim, confiada por ele, que sempre soube quem sou eu. Dessa forma, também estou a reescrever as sentenças que ainda pesam sobre mim, e me sinto como se eu próprio estivesse tecendo a minha liberdade.

Angela, penso ainda neste mês de julho concluir o relato do latão. Imagino que vou precisar redigir só mais uma ou duas cartas para pôr fim, ou quem sabe, recomeçar tudo de novo. Nunca se sabe.

Eu te disse no início de todo esse relato, que ao final dele, eu contaria sobre a cela 02, a única das quais nada disse até agora. Eu apenas te informei no início que havia na porta da mesma um aviso, ou uma ordem expressa da diretoria da unidade prisional que dizia:

"Está proibido alocar outro detento neste recinto sob qualquer circunstância".

No início do mês de agosto de 2020, havia estado ali na cela 02 um detento de nome Túlio. Esse cumpria pena no pavilhão "B" que é onde funciona aqui o "seguro" da PAOJ. Mas o Túlio, acusado pela massa carcerária de roubar alimentos dos colegas, foi levado a cumprir sua sentença no "seguro do seguro", que é uma cela separada dentro do mesmo pavilhão, para assim, possibilitar sua segurança com relação ao risco de morte que o mesmo corria. O banho de sol de quem vive nessas condições também é separado.

Numa certa manhã de agosto, o Túlio é conduzido ao latão por motivo fútil para cumprir sanção disciplinar por dez dias, como ocorre de forma abusiva com muitos por aqui.

O Túlio é colocado na cela 02 do latão e, a princípio, cumpriria os 10 dias solitário. Estava, segundo eu apurei, bastante depressivo por haver perdido sua mãe, falecida por covid, há menos de um mês, e o próprio não pôde acompanhar seu sepultamento.

Na tarde desse mesmo dia, vão ao latão, também vindos do pavilhão "B" para cumprir sanções desnecessárias, os detentos Zuque e o Diego 22. Embora sendo esses presos do convívio geral no "seguro", foram colocados na cela 02 junto ao Túlio. O Túlio, mesmo sob efeito de medicação antidepressiva e indutores de sono, percebe a gravidade daquela situação, e sabe que passou a correr risco iminente de ser morto, a partir do momento em que os agentes colocaram para dentro da cela 02 seus dois desafetos.

Querida, creio que apenas mais uma carta dou por terminado as histórias do latão. Aqui me despeço de ti. Um forte abraço, fique em paz, cuide-se.

CARTA 13 DO LATÃO ESCRITA EM 29 DE DEZEMBRO DE 2020 E 24 DE JULHO DE 2021

Querida Angela,

Dando continuidade à carta doze.

Era por volta de quatro horas da tarde, quando os seguranças da PAOJ, praticando uma falha grosseira, alocaram na cela 02, outros dois detentos, que em hipótese alguma deveriam ser colocados em companhia do Túlio. Ele, ao perceber os riscos que passou a correr a partir desse momento, adianta--se na tentativa de minimizar aquela situação e diz para o Diego 22:

"Eu sei que te devo e quero te pagar. Todos esses dias que vamos ficar juntos, você pode pegar os meus Marrocos, o café, o leite, o docinho e a fruta. Eu vou ficar só com os "bandecos" do almoço e a janta". O Diego mal esperou para ouvir essa proposta e desfere um soco contra o rosto de Túlio, que totalmente dopado, vai ao solo e não consegue esboçar nenhuma reação. O Diego, segundo o que apurei com o próprio, em maio passado, quando nos encontramos em um atendimento, não tinha intenção de matar. Estava sem moral para fazer qualquer cobrança dessa natureza, pois o mesmo havia ido parar no "seguro" após ter ficado um bom período no pavilhão "C", de onde saiu devendo alimentos aos diversos colegas que nele confiou.

Aquela agressão inicial e precipitada foi a senha para despertar um vulcão que aparentemente estava extinto, e que há tempos havia entrado em erupção na cidade de Araxá, na cadeia local, expelindo lava de sangue. Foi como o acordar de uma perigosa fera que hibernava e acabara de acordar para, mais uma vez, alimentar-se de vidas humanas. Não se sabe ao certo quantas vidas já foram ceifadas pelo Zuque, companheiro de Diego 22 nessa empreitada. Zuque é comprovadamente um psicopata em alto grau, com laudos e relatórios arquivados em sua pasta que atestam sua insanidade mental. Os diagnósticos psiquiátricos apontam a periculosidade do Zuque para o convívio social e a unidade sempre foi sabedora disso. Como também o Diego que sofre de distúrbios psíquicos. O "22", acrescido ao seu nome, também é indicativo disso. Na cadeia, o "22" é sinônimo de loucura. Só é dado esse apelido a quem não está em condições mentais consideradas normais.

Angela, não vou te contar com minúcias de detalhes a forma como o Túlio foi morto, por duas razões principais. A primeira é para que eu não fique visto pela carceragem como um delator. Contarei apenas o que não vier a me comprometer com a massa carcerária.

A segunda razão é para lhe poupar de uma carga emocional tão grande, embora sei que você é preparada para tudo.

Não lhe transmitirei tudo o que apurei sobre esse caso, que para o sistema, trata-se apenas de mais uma morte entre tantas que já ocorreram aqui no latão. É incrível como só o fato de imaginariamente me preparar para narrar o ocorrido, mesmo sabendo que não farei isso na íntegra, só de mentalizar as cenas a mim descritas, inclusive por um dos autores do assassinato, passo a sentir emoções nada agradáveis. Não descerei a detalhes com você, mas posso dizer que o Túlio saiu morto do latão no mesmo dia em que deu entrada. O cadáver estava sem os olhos, pelos ouvidos saia parte da massa encefálica. A morte foi concluída por afogamento, pois o Túlio resistiu ao enforcamento. Insistiu em não morrer, agonizou bastante antes da sua entrega total.

Ao primeiro indicativo de que não havia vida no corpo, o Zuque faz uma proposta das mais absurdas, se a mesma fosse feita por uma pessoa normal. Diz ao Diego que eles deveriam permanecer com o corpo do Túlio em cela até o dia seguinte, para que pudessem usufruir do café da manhã que viria para o Túlio, e só depois de receberem o pãozinho, o café e o copo de leite, avisariam aos agentes sobre o ocorrido. O Diego discorda prontamente da sinistra proposta e convence o Zuque a chamar os guardas e noticiar a morte do Túlio.

O agente que foi chamado para receber a notícia, ao se aproximar da ventana da cela 02, ouve essas palavras:

"É para o senhor retirar daqui esse "presunto", o cara está morto".

"Você só pode estar brincando, preso!".

Disse o carcereiro.

"Não! Não estou brincando não. Olhe aqui para o senhor ver". Disse o detento.

E o agente, pondo-se nas pontas dos pés, olhando para o interior da cela através da ventana, vê um corpo caído ao chão.

O alarme soa imediatamente e o latão é cercado por um grande número de policiais penais.

Ao entrarem na cela, os agentes confirmaram o óbito, não mexem na cena do crime, limitando-se naquele momento a transferir Diego e Zuque para outro compartimento do latão, até que a perícia fosse realizada.

Era início de uma noite do mês de agosto. O Túlio virou um número de estatística, tornou-se mais uma vítima entre tantas que sucumbiram ao latão, sendo assassinadas, ou que cometeram suicídio ao serem submetidas aos rigores dos castigos ali impostos. A falha de segurança que resultou na morte de Túlio não está sendo apurada devidamente, para quem sabe, os responsáveis secundários por essa morte, sejam responsabilizados. O Diego me disse, ao encontrar-se comigo, que foi levado ao setor de segurança, e lhe foi perguntado sobre o que ele iria dizer no seu depoimento sobre os fatos ocorridos no latão.

Há um inquérito em aberto que apura a morte de Túlio, mas que visa tão somente, a responsabilização dos que tiveram participação direta na ocorrência, e que não busca apurar as participações secundárias dos agentes do Estado que falharam no protocolo de segurança, o que resultou no desfecho trágico.

O Zuque ficou permanentemente no latão e "mora" na cela 02 até hoje. O Diego vive em uma cela no "COC", que é destinada às pessoas com distúrbios mentais. Se nada for feito, certamente a "justiça cega" que temos, vai responsabilizar pessoas que perante à lei são inimputáveis, e deixar sem punição os verdadeiros culpados. É certo que esses dois jovens que conheci pessoalmente terão suas penas aumentadas em muitos anos. Só cometeram esse assassinato porque foram levados a isso.

Fui informado por vários detentos que já estiveram em diversas penitenciárias aqui em Minas Gerais e também em outros estados, de que não há mais latões para cumprimento de castigo. Eles foram extintos em quase sua totalidade. Os castigos são aplicados dentro dos próprios pavilhões. Para isso, é bastante, retirar do preso a TV, o rádio, a "cobal", visitas, cartas, livros e o banho de sol. Impor ao detento não se barbear, por exemplo, e está imposta a sansão. Não necessita enviar o preso a um local específico como aqui na PAOJ, que tem nesse latão o maior consumidor de vidas humanas.

Minha amiga, ter ido ao latão foi uma das melhores coisas que me aconteceu por aqui. Fez-me enxergar o que antes não via, estando eu, acomodado apenas na antessala deste inferno que é a PAOJ. O latão é uma espécie de "sala vip", que me possibilitou sair de mim várias vezes, de transcender a realidade vivenciada na busca de evitar a pane mental. Sinto que saí um pouco mais fortalecido após cumprir os vinte e quatro dias de castigo.

Em momentos de transcendências saí de mim e pude cantar para o Véião, revisitar minha infância no nordeste e me ver brincando com os "faxineiros naturais", pude declamar meus poemas de protesto com tanta emoção, que penso que jamais serei capaz de fazer de igual forma. Os que me ouviram me disseram nunca ter imaginado que num local como aquele, houvesse possibilidade de ter contato com algum tipo de arte. Visitei minha família várias vezes, revisitei o meu amigo Pio. Fiz um balanço de toda a minha vida, e o saldo deu sempre positivo e alto. Sou um sobrevivente e, diferente do Túlio, que lá foi morto, um mês após o falecimento da sua mãe e sem conhecer sua primeira filha que nascera quando ele já se encontrava preso, sei que dessa não morri, e que para se fazer história, é bastante permanecer vivo.

Um forte abraço fique em paz. Cuide-se.

POSFÁCIO: **SALVE JORGE!**

Por Jorge Augusto Xavier de Almeida e Camila Silva de Almeida[1]

Salve
negro que ousa sonhar no sertão
Jorge
homem que lança palavra contra o dragão
Delito neste país
é ter defeito de cor
polícia, estado, juiz
jagunços do grande senhor
Um latifúndio de dor
Salve Jorge

(Canção "Salve, salve", de Raphael Sales)

---

1. O autor e a autora, que são, respectivamente, pai e filha, propuseram o presente texto com a colaboração do coletivo "Salve Jorge". Grupo formado por pessoas que se juntaram a partir do ano 2020 com o propósito inicial de construir uma campanha pela liberdade de Jorge, bem como para dar visibilidade a este caso bastante ilustrativo do racismo estrutural e da criminalização da luta social no âmbito do Poder Judiciário. Fizeram parte desta composição coletiva pelo movimento "Salve Jorge" as seguintes pessoas: Angela Maria Quinto, Emmanuelle Jacqueline Gomes, João Gabriel Martins, Joviano Maia Mayer, Raphael Sales e Raul Sampaio.

Figura 1 Fotografia de Jorge, por João Gabriel Martins

Jorge Augusto Xavier de Almeida, 53 anos de idade, brasileiro, nascido no Sertão de Pernambuco, casado, agricultor familiar beneficiário da parcela 33 do Projeto de Assentamento Vanderli Ribeiro dos Santos em Buritis-MG. Jorge tem 16 filhos, sendo 09 (nove) menores de idade que dependem de seus cuidados.

O latão é o ambiente carcerário mais temido por todos os detentos. (Acho que só poderei concluir este meu relatório que ora inicio após lhe escrever umas dez cartas de três folhas). Estou com muitas histórias arquivadas na memória. Tanto a que vivi como também as que eu apurei em conversas com os detentos. Tudo que tenho para lhe dizer sobre esse local extremamente insalubre não me permitirá, em nome de um relatório fiel dos acontecimentos, narrá-los em uma lavra diminuta, por mais que eu tente resumi-lo. (trecho de carta de Jorge)

Homem negro, poeta, líder camponês, esteve preso até recentemente, em regime fechado, por mais de quatro anos, vítima do racismo e da criminalização dos movimentos sociais. O presente posfácio é uma confluência entre a poesia e as reflexões de Jorge, manuscritas em cartas enviadas da Penitenciária Agostinho Oliveira Junior, em Unaí – MG (PAOJ), e o clamor de sua filha Camila pela liberdade e pela reparação deste líder camponês que um dia ousou ocupar a fazenda improdutiva de um Presidente da República em pleno exercício do cargo[2].

O que mais me perturbou durante os dias que por ali estive é o fato daquele lugar ser infestado de "muriçocas", e o cantar desses bichinhos me afeta

2. Jorge foi uma das lideranças que organizou, no final da década de 1990, a ocupação de uma fazenda do ex-presidente Fernando Henrique Cardoso, localizada no Norte de Minas Gerais.

sobremaneira. Pareceu-me que a presença delas alí, propositalmente, faz parte do castigo. (trecho de carta de Jorge)

Jorge foi preso por condenações em processos em que respondia em consequência da luta do Movimento Sem Terra (MST), do qual fez parte de 1994 até 2005. Por sua atuação no movimento agrário, as "autoridades" policiais e judiciárias locais, agindo por conivência e interesse dos poderosos do campo, personalizaram o movimento em sua pessoa.

Como já lhe disse, ali havia uma enorme quantidade desses besouros. O bom, é que pelo menos, eles não conseguiam ter acesso ao interior das celas. As duas aberturas que havia, eram protegidas com uma tela de aço, com malhas em quadros, que media cerca de um por um centímetros, por onde não caberia um inseto do porte daquele.

Durante a noite, esses animais chegavam aos milhares na unidade prisional atraídos pelas luzes dos fortes refletores. Os que acessavam o corredor do latão ofuscado pelas lâmpadas, que ali jamais ficam apagadas no período noturno, caiam numa verdadeira armadilha, um alçapão do qual não conseguiam retornar, e a maioria ali morria, presos no corredor da morte. Não digo isso apenas em lamento pelas mortes dos besouros, mas também e, principalmente, porque por aquele corredor, entraram no latão pessoas que poucos dias depois, ou no mesmo dia, sairão por ele envelopadas em sacos mortuários para serem entregues aos seus familiares. (trecho de carta de Jorge)

Fizeram com que Jorge respondesse, só na comarca de Buritis, mais de 60 processos, dos quais ele já havia sido absolvido em 47, até que ele se deparou com o juiz Dalmo Luiz da Silva Bueno. Agindo de forma parcial e motivado por um sentimento de raiva e vingança pessoal, o referido juiz resolveu condenar Jorge a 26 anos de prisão, após recursos, a somatória das penas ficou em 15 anos de condenação. Como fica explícito neste caso concreto, *nunca se deve subestimar o ressentimento dos ricos em relação à insolência dos pobres.* (Comitê Invisível, 2016, p. 161).

> Há uma continuidade histórica na luta dos afro-brasileiros por sua identidade étnica e cultural que vem desde o século XVI, com a resistência dos quilombos e da República dos Palmares (1595 a 1695), até à série de revoltas entre 1805 a 1835 na Bahia. Essa luta armada existiu até 1888 e, com a emancipação formal dos negros escravizados, os esforços dos descendentes africanos por sua total libertação e resgate de sua dignidade humana continuaram através de diversas organizações (Nascimento, 2019, p. 251).

Jorge foi preso em 26 de março de 2016, em sua casa, às 23 horas em um Sábado de Aleluia. As condenações são referentes a supostos furtos. Primeiro de um grampeador de papéis nas dependências da agência do Banco do Brasil, em Buritis/MG. Depois pelo suposto furto de um jogo de facas, brinde do banco aos seus clientes mais ilustres. Fatos esses que supostamente teriam ocorrido durante a ocupação daquela agência bancária pelo movimento agrário nos anos de 2003 e 2004 respectivamente, onde mais de 300 pessoas ocuparam a agência reivindicando a liberação de créditos rurais visando a implantação de seus projetos produtivos.

Embora as ocorrências policiais que deram origem a esses processos relatem que ele jamais poderia ter furtado esses pertences do banco, tendo em vista que não foram encontrados em seu poder, mesmo assim, ele foi condenado a pesadas penas por furto qualificado. Estes dois processos já transitaram em julgado.

Mesmo tendo as condições previstas em lei de poder responder aos processos em liberdade, por ser réu primário, ter trabalho, residência fixa e bons antecedentes, esse direito foi negado a Jorge. A terceira condenação a qual foi imposta pena de

6 (seis) anos e 2 (dois) meses, refere-se ao suposto roubo de uma grade aradora (implemento agrícola), que um grupo de trabalhadores do MST usou durante uma ocupação na fazenda Palmeira em Buritis-MG. O uso desse implemento se deu dentro do próprio imóvel, a grade não saiu do perímetro da propriedade. O uso da grade aradora teve como objetivo preparar o solo para plantio de lavoura de subsistência para as famílias que ocupavam o imóvel naquele momento. O trator que conduziu o implemento era de propriedade da Prefeitura de Buritis e Jorge não era o tratorista e nunca foi prefeito, Jorge apenas figurava como coordenador do Movimento Sem Terra.

> Com efeito, em termos foucaultianos, racismo é acima de tudo uma tecnologia destinada a permitir o exercício do biopoder, "este velho direito soberano de matar". Na economia do biopoder, a função do racismo é regular a distribuição da morte e tornar possíveis as funções assassinas do Estado. Segundo Foucault, essa é "a condição para a aceitabilidade do fazer morrer". (Mbembe, 2018, p. 18).

Nesse processo, o Ministério Público Federal pediu a anulação da sentença penal condenatória, por não haver provas que a grade aradora saiu das dependências da fazenda, esse parecer foi juntado ao processo (AREsp nº 1205653/MG) no Superior Tribunal de Justiça. Apesar disso, o STJ absurdamente manteve a condenação.

Jorge é diabético. Em 2020 também entramos com um recurso (RHC 128.190/MG, STJ) para que ele pudesse cumprir prisão domiciliar por ser pessoa do grupo de risco da pandemia de covid-19 em razão de diabetes. Mais uma vez, nosso clamor foi negado pelo poder judiciário, o mais racista dos poderes da República.

> Parei por 48 horas o que estava a escrever sobre o latão, em razão da caneta e o papel terem acabado. Fui ao banho de sol nessa sexta-feira, dia 27/11, com objetivo de comprar de algum detento esses materiais tão necessários. O sistema só permite a entrada mensal de uma caneta e um caderno de 60 folhas. Para mim, que estou a escrever "Heranças de um vintém", o relato do latão e as cartas aos amigos e familiares, essa cota é totalmente irrisória. (trecho de carta de Jorge)

Latão é terminologia exata para o processo de brutalidade colonial. Latão é o nada. O não humano. É expressão que define onde não se quer escapes, brechas. Este livro é exatamente uma dessas frestas. Durante o período em que esteve preso Jorge escreveu muitas cartas, memórias e poemas. Apesar da brutalidade do cárcere somada ao gosto amargo de injustiça, Jorge fez de sua dor motor de criação artística, estética e política. Seus escritos finalmente vem a público e precisam muito serem difundidos. Tanto pelo teor da denúncia direcionada ao Estado racista, quanto pela beleza da narrativa poética que anuncia a tentativa de superação do trauma e a esperança de outros mundos possíveis, onde seja menos difícil amar, como dizia Paulo Freire. Por oportuno, compartilhamos aqui três poesias escritas por Jorge nas celas da prisão:

PEDAGOGIA DA OPRESSÃO

Escrevo hoje esse tema
A situação precária
De homens e mulheres
E as notícias não são raras
De como vive no Brasil
População carcerária

Manter pessoas em cárcere
Digo a você, camarada
Submetido a maus tratos
Faz o homem virar fera
De forma justificada

Aqui num procedimento
Vi invadir o pavilhão
Sem justificar o ato
Não tinha rebelião
População carcerária
Vivendo em humilhação

E, assim, o sistema reprime
Tortura mata e consome
Como assisti num massacre
Morrer cento e onze homens
Sob a guarda do Estado
O "Carandiru" vidas comem

Tô pagando uma pena extra
Só nos procedimentos
Um tal senta e levanta
Humilhação e sofrimento

Peço a Deus todos os dias
Pra suportar o tormento

Em culto religioso
Nos proibiram afirmar
Que "O Senhor é meu pastor
E nada me faltará"
"A porta que Deus abre, ninguém fecha"
E "Operando Deus quem impedirá"

Entenderão as frases bíblicas
Como uma provocação
Que ali não se admite
Esse tipo de oração
Deram ordens ao Pastor
Que não fizesse sermão

O procedimento cruel
Realizados em visitas
Muito constrangedor
Procedendo uma revista
Que viola a intimidade
Por mais que você resista

Minha mãe sem conhecer
Os tais procedimentos
Pensando que evitaria
Aqueles constrangimentos
- "Só cês exigir os seis pulos"
Garanto que não aguento

Porque eu sofro de artrite
E bico de papagaio
Se eu descer até o chão
É certeza que eu caio
E com a saúde pior
Deste lugar hoje saio

Responderam para ela
Aqui não vou "pagar pau"
Minha mãe sem entender
O que era aquilo afinal?
Se é remédio ou veneno
Se é bom ou se é mal

E a pressão continuou
De uma maneira tal
Deram nela um "baculejo"
Que só vi em marginal
Tire logo sua roupa
Não atrase o pessoal

Minha mãe que suportou
Todo esse sofrimento
Ao encontrar-se comigo
Um leve contentamento
Percebi nos olhos dela
A revolta do momento

Ela disse, filho desculpe
Eu não volto mais aqui
Não tenho disposição
Pra esse caso repetir
Fui muito desrespeitada

Na PAOJ de Unaí

No teatro dos horrores
Tem atores terroristas
Que tem a satisfação
De reprimir as visitas
De forma que faz chorar
O mais alegre humorista

E a proposta do sistema
É ressocializar
Aqueles que simplificam
Chamam de reeducar
Mas cassetete, bala e bombas
Não são itens escolar

E desenvolvendo um método
Que está sempre em mutação
Qualificando a tortura
Fazem a CA-PA-CI-TA-ÇÃO
Forma muitos professores
E da pedagogos da opressão

Por aqueles proceder
Minha mãe não voltou aqui
Nunca mais tive visita
Espero um dia sair
E Deus me livre retornar
À SUAPI de Unaí

POESIA INACABADA

É possível caminhar sobre a escrita
Pra dizer quase tudo que se pensa
Desde opinião política e até crença
A intolerância muitas vezes é o que me irrita
Intolero a intolerância de ativista
Que propondo o ódio não se abala
Não entendo o porquê do dom da fala
Em pessoas de ato tão mesquinho
100% de ódio e nada de carinho
Morde a língua sempre e não se cala

L,G,B,T,Q,I,A, +
Seja a letra do alfabeto que quiser
Para identificar quem de fato você é...
A opção sexual não é capaz
de mudar a essência de quem trás
Amor e respeito ao semelhante
É preciso que tenhamos a cada instante
A clareza dessa singularidade...
Que a homofobia não seja essa eterna tempestade
Transformada nesse furação constante

Toda forma de violência é reprovável
Toda forma de amor só nos faz bem
Ultrapassa fronteiras e vai além...
O amor, na diversidade é confiável
Mesmo em forma singular é aceitável
O mais importante é saber amar
Amor sem preconceito e sem amarrar
Se o objetivo de todos é ser feliz
Não faça papel de ator, não seja apenas uma atriz
Assuma seu bem-querer, e ame seu bem-estar

A violência contra uma mulher
Me entristece e me deixa pensativo:
O movimento feminista é combativo
E na briga de casal põe a colher
O feminicídio praticado por mané
Nunca esteve tão em evidência
Ao criminoso é imposta a consequência
Que a lei com atraso faz cumprir
Dona Maria da Penha há de me ouvir
Que a sua luta teve muita eficiência

Essa poesia ficará inacabada
Sempre haverei de acrescê-la mais um verso
A violência segue o curso do progresso
E o amor diante do ódio vencerá
O amanhã a vitória nos trará
A esperança na mudança é o que nos resta
A combater tudo isso que não presta
Não podemos aceitar tanto horror
Que imprime no ser humano tanta dor
E a minha caneta ora contesta

ROUCA VOZ

No Brasil não há poder pior
Que o judiciário absolutista
Que oculta por trás da toga um ativista
Ou o protege com um escudo bem maior
Errar para essa classe é bem melhor
O prêmio para quem erra é salutar
O castigo severo é aposentar
Regalias, benefício e privilégios
São matérias que se aprende em seu colégio
E que as cortes insistem em executar

Na balança enganosa da justiça
Não se afere com o peso da igualdade
Comprometem sua imparcialidade
Sentenças tendenciosas e racistas...
Jurisdições, jurisprudência elitista!
A confirmarem o racismo estrutural
E a maior corte arbitral
Tem um lado propenso a de defender:
Abusam da autoridade abusando do poder...
Suprema Violação Brutal

A justiça brasileira tem errado
Condenado sem prova o pobre réu
As sentenças pesadas e bem cruéis
São lavradas por todos os magistrados
Levando pra cadeia o condenado
Que sem ter ao seu dispor boa defesa
Pra justiça classista vira presa
E submetido aos rigores da prisão
Só aguarda do céu absolvição
E a fé passa ser sua fortaleza

Quem governa esse lugar é satanás
Ambiente de tortura e de tormento
É escuro, sem sol, nem sinto o vento
A saudade em mim é um peso a mais
Suportar tudo isso sou capaz
Domo a dor através da resiliência
É preciso ter muita paciência
Pra sobreviver nesse lugar em que caí
Quero voltar ao Sertão que "nasci"
Aonde muitos sentem minha ausência

O público daqui é pobre e preto
Escolaridade é quase zero
Vê mudar isso é o que mais quero
Na periferia, nas favelas e lá no gueto...
Quero abolição do preconceito
E que o Brasil garanta a igualdade...
Garantir direitos: É liberdade!
Cativeiro não é só a prisão!
Condenação coletiva é a exclusão
Que afeta o campo e a cidade

Os dias e os meses passam lentos
Um ano parece uma eternidade
Não se sente o calor d'uma amizade
Reina o frio gélido dos lamentos
Sairei desse infecto aposento
Seguirei meus dias sem olhar para trás
Crê numa vida boa me compraz
Esquecer o pesadelo que vivi
Apagar as marcas de tudo que sofri
E voltar a Paoj nunca mais

A minha rouca voz é a escrita
A elaborar o que chamam de protesto
A contestar os que dizem que eu não presto
E a provar que uma peora também grita!
Ontem recebi carta da Anita
Da Ana Júlia e o Luís carinho igual
Eduardo me falou d'um milharal
E a Santinha que me aguarda há tanto tempo
Diz que sente o meu cheiro até no vento
E que me espera para o próximo Natal

153

Esse último poema de Jorge (*Rouca Voz*) foi feito em 27 de agosto de 2021. Com as bênçãos de Oxalá, ele passou o Natal seguinte com sua família. Atualmente, Jorge está em liberdade condicional, entre a literatura e a labuta da lida cotidiana, aproveitando as chuvas de fim de ano para semear e cuidar da roça de sua família, tentando reconstruir sua vida. Cumpriu pena em regime fechado até novembro de 2021, na Penitenciaria Agostinho Oliveira Junior em Unaí – MG (PAOJ). Eu sou Camila Silva de Almeida, uma das filhas mais velha dele que, assim como familiares e amigos, luto por justiça e reparação para o negro.

> Desde a época colonial aos dias de hoje, percebe-se uma evidente separação quanto ao espaço físico ocupado por dominadores e dominados. O lugar natural do grupo branco dominante são moradias saudáveis, situadas nos mais belos recantos da cidade ou do campo e devidamente protegidas por diferentes formas de policiamento que vão desde os feitores, capitães de mato, capangas etc., até à polícia formalmente constituída. Desde a casa-grande e do sobrado até aos belos edifícios e residências atuais, o critério tem sido o mesmo. Já o lugar natural do negro é o oposto, evidentemente: da senzala às favelas, cortiços, invasões, alagados e conjuntos "habitacionais" [...] dos dias de hoje, o critério tem sido simetricamente o mesmo: a divisão racial do espaço

[...]. No caso do grupo dominado o que se constata são famílias inteiras amontadas em cubículos cujas condições de higiene e saúde são as mais precárias. Além disso, aqui também se tem a presença policial; só que não é para proteger, mas para reprimir, violentar e amedrontar. É por aí que se entende por que o outro lugar natural do negro sejam as prisões. A sistemática repressão policial, dado o seu caráter racista, tem por objetivo próximo a instauração da submissão. (Gonzales, 1984, p. 232).

Salve Jorge!

Figura 2 Fotografia de Jorge, por Raul Sampaio

REFERÊNCIAS

COMITÊ INVISÍVEL. *Aos nossos amigos*: crise e insurreição. São Paulo: n-1 edições, 2016.

GONZALEZ, Lélia. *Primavera para as rosas negras*: Lélia Gonzalez em primeira pessoa. São Paulo: Diáspora Africana: Editora Filhos da África, 2018.

GONZALEZ, Lélia. Racismo e sexismo na cultura brasileira. *Revista Ciências Sociais Hoje*, São Paulo: Anpocs, v. 2, p. 233-244, 1984.

MBEMBE, Achille. *Necropolítica*: biopoder, soberania, estado de exceção, política da morte. São Paulo: n-1 edições, 2018.

NASCIMENTO, Abdias. *O Quilombismo*: Documentos de uma Militância Pan-Africanista. São Paulo: Perspectiva, 2019.

NASCIMENTO, Beatriz. *Quilombola e intelectual*: possibilidades nos dias de destruição. São Paulo: Editora Filhos da África, 2018.

"Todos os viajantes confirmaram: transformar o teclado do computador em mecanismo de fazer desenhos é a melhor solução para este projeto. A invenção de um dispositivo composicional além do léxico, quero dizer, anterior ao léxico, fará o leitor percorrer léguas de insensatas cacofonias, de confusões verbais e repetições que correspondem a idioma algum, por dialetal ou rudimentar que seja. A incoerência (inocorrência?) da palavra resulta em potencialidade gráfica infinita, um campo ilimitado para o desenho. Ser meio para nenhum fim. As linhas caóticas da mão são capturadas e organizadas em um sistema que produz composições que o artista nunca criaria. Imagem é texto, como bem sabemos. Os livros, por diversos que sejam, constam de elementos iguais: o espaço, o ponto, a vírgula, as letras do alfabeto."

Leopardo Feline

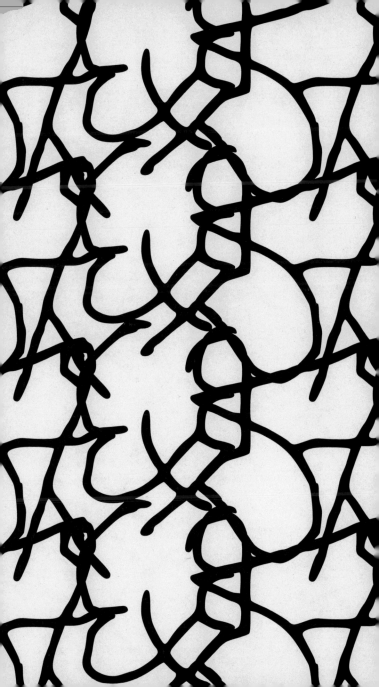

n-1 edições **+ hedra**

Dados Internacionais de Catalogação na Publicação (CIP) de acordo com ISBD

A447c	Almeida, Jorge Augusto Xavier de
	Cartas do Latão / Jorge Augusto Xavier de Almeida. - São Paulo n-1 edições, 2023.
	176 p. ; 11cm x 18cm.
	ISBN: 978-65-81097-53-0
	1. Política. 2. Resistência. 3. Encarceramento. 4. Racismo. I. Título.
	CDD 320
2023-948	CDU 32

Elaborado por Vagner Rodolfo da Silva - CRB-8/9410

Índice para catálogo sistemático:
1. Política 320
2. Política 32